四特 教育系列丛书 SITEJIAOYUXILIECONG

走出教学雷区

《"四特"教育系列丛书》编委会　编著

吉林出版集团股份有限公司
全国百佳图书出版单位

图书在版编目 (CIP) 数据

走出教学雷区／《"四特"教育系列丛书》编委会编著．
—长春：吉林出版集团股份有限公司，2012.4

（"四特"教育系列丛书／庄文中等主编．课堂教学与管理艺术）

ISBN 978-7-5463-8729-1

I. ①与… Ⅱ. ①四… Ⅲ. ①中小学－教学研究
Ⅳ. ① G632.0

中国版本图书馆 CIP 数据核字（2012）第 044379 号

走出教学雷区
ZOUCHU JIAOXUE LEIQU

出 版 人	吴　强	
责任编辑	朱子玉　杨　帆	
开　　本	690mm×960mm　1/16	
字　　数	250 千字	
印　　张	13	
版　　次	2012 年 4 月第 1 版	
印　　次	2023 年 2 月第 3 次印刷	

出　　版	吉林出版集团股份有限公司
发　　行	吉林音像出版社有限责任公司
地　　址	长春市南关区福祉大路 5788 号
电　　话	0431-81629667
印　　刷	三河市燕春印务有限公司

ISBN 978-7-5463-8729-1　　　　　　定价：39.80 元

前　言

　　学校教育是个人一生中所受教育最重要的组成部分，个人在学校里接受计划性的指导，系统地学习文化知识、社会规范、道德准则和价值观念。学校教育从某种意义上讲，决定着个人社会化的水平和性质，是个体社会化的重要基地。知识经济时代要求社会尊师重教，学校教育越来越受重视，在社会中起到举足轻重的作用。

　　"四特教育系列丛书"以"特定对象、特别对待、特殊方法、特例分析"为宗旨，立足学校教育与管理，理论结合实践，集多位教育界专家、学者以及一线校长、老师们的教育成果与经验于一体，围绕困扰学校、领导、教师、学生的教育难题，集思广益，多方借鉴，力求全面彻底解决。

　　本辑为"四特教育系列丛书"之《课堂教学与管理艺术》。

　　目前，在我国的学校教育中，课堂教学仍然是一种主要的教育教学活动，要想有效地提高课堂教学质量与效果效率，就必须充分尊重和应用教育科学理论，系统学习、研究、提高课堂教学艺术水平，这不仅是对课堂教学的客观要求，而且是教育教学研究的发展趋势之一。因此，有志于从事教育事业去当一名教师的教育专业学生，都有必要去学习、研究课堂教学艺术，为今后做一名合格的教师进行充分的准备。本书把教育教学理论和教育教学实践有机地结合起来，系统地研究课堂教学的规律和实践，研究教学过程中的各种实际问题。

　　本书还有另一个很明确的目的，那就是：确立班级管理的专业地位，提升师生教学质量。我们分别从学生、教师（班主任）的角度分别进行说明。班级管理是门艺术，大凡艺术殿堂的攀登，都需要自觉的奉献；班级管理又是门科学，涉及科学领域的探索，必依赖智慧的涌动。希望本书的出版，能为工作在第一线的广大中小学班主任提供一个支点，同时，能唤起一部分对班主任工作感兴趣的专家学者的热情，共同来研究这个新课题，让班主任班组管理这项至关重要的工作，更具科学性和艺术性。这也是本书编写的意义所在。

　　本辑共20分册，具体内容如下：

　　1.《怎样把课说好》

　　"说课"是深化教育改革，探讨教学方法，实践教学手段，提高教育教学业务水平的一种好方法，也是教师进一步学习教育理论，用科学的手段指导教学实践，提高教学科研水平，增强教学基本功的一项重要方法。本书主要从说课准备、精心设计与组织说课材料、幽默为教法服务、情感学法说课、辅助教学程序、互动教学目标、应对说课失误和总结说课经验等方面来进行铺垫和阐述。我们站在说课者的角度，多层次地模拟了说课中遇到的各种问题，并提出了相应的改进措施，希望教师在说课中少走弯路，对于日后的说课教学能起到更大的帮助。

　　2.《怎样设计教学情境》

　　本书着重探讨了如何使新课程提倡的自主学习、探究学习、合作学习真正进入到课堂之中。通过介绍西方课堂设计的理论和教学策略,总结国内课堂教学改革的成功经验,为教师进行有效的课堂设计提供切实的指导和帮助。

3.《怎样把课备好》

备课能力是一个教师最基本的业务能力。备课是教师教学活动的一个重要组成部分,也是上好一堂课的前提和重要保证。教师要上好课,首先必须备好课,备课是一项深入细致的工作,是教师达成良好教学效果的关键。教师备课最需要用"心"、用"情"、用"力"和重"思"。

4.《怎样把课上好》

课堂动了,学生活了,互动、对话成为课堂教学的常态了,课堂上出现一系列变动不居的场景也就在情理之中了。教师根据课堂教学中生成的各种资源,形成后续的、新的教学行为。动态成为常态,生成成为过程,这些教学的新要求,是上课时教师需要加以灵活掌握的,也是本书所要介绍的。希望通过本书,教师不仅能获得教学的新理念,同时能获得基本的教学策略。

5.《走出教学雷区》

由于学识、经验、能力、性格、思维等诸方面的限制,教师由于认识和行动上产生了偏差,在教学过程中走入误区在所难免。本书列举了日常教学工作中教师常出现的一些问题甚至错误,分析这些问题产生的根源及这些问题在教学中的呈现形式,提出解决的方案,引导教师避免或者走出误区,通过"行动—反思—再行动—再反思",引导教师做一个反思型教师。促进教师在专业化的道路上更快的成长和进步。

6.《让学生出类拔萃》

在学校里,尖子生往往是重点培养对象,集"万千宠爱于一身"。但是作为教师,不能被尖子生"一俊遮百丑"而忽视对他们的培训和教育。教师应该正确认识和了解尖子生,做好培优工作,积极引导,严格要求,满足他们强烈的求知欲,充分施展其才能并通过尖子生积极进取的态度、较好的学习方法影响和帮助其他同学共同发展,使全体学生成绩不断地推进。

对尖子生的培养是一项艰巨而漫长但又极具乐趣的工程,希望通过本书的学习,我们的教师都能发现千里马,精心、尽力培养,让他们跑得更快、更远!

7.《一对一教学》

在中国,"一刀切"式的教学方法普遍存在于课堂中,然而,每个学生特点各异,只有建立在了解学生基础上的个性化教学才能使学生受益无穷。

不是崭新的课本、新潮的教学技巧,也不是最新的教学设备,唯有优秀的教师才是学生成功的关键。坚信我们有责任坚持不懈地寻找和发现优秀的孩子,我们也要认识到每一个孩子都与众不同。本书致力于了解我们的学生并找到适合各个学生的教学方法,因材施教。

8.《让课堂动起来》

教师如何形成新的课堂教学艺术技巧、如何让课堂变得更加生动有趣,这正是本书论述的要旨所在。

教师要上好一堂课,除了要有热情与高度的责任感之外,还要有渊博的知识和一定的讲课技巧,教师必须认真备课、多动脑、多想办法,有了一定的授课技巧,课堂就会时时呈现出精彩!

9.《不怒自威》

本书以清新的笔调、详实的案例向教师娓娓道来：要树立起自己的威信，教师除了要师德高尚、敬业爱生，专业精湛、诚实守信、仪表得当，还要宽严有度、教管有方、赏罚分明、公平公正。只有这样，学生对教师才能心悦诚服，也只有这样，教师才不会在"学生难管"的哀叹中失落教育的权威。

10.《好学生是怎样炼成的》

行为变为习惯，习惯养成性格，性格决定命运。一个动作，一种行为，多次重复，就能进入人的潜意识，变成习惯性动作。习惯对每个人梦想的实现，命运的选择起到了决定性作用。青少年正处于一个习惯的塑造和培养期，养成良好的习惯会让每个孩子都成为好学生，会使其受益终生。

11.《与差生说拜拜》

本书以新颖的创作手法和情真意切的教育语言从多个方面阐述了怎样对后进生进行转化，如何正确认识后进生，坚守对后进生的教育之爱，唤起后进生向上的信心，解开后进生的"心结"，有针对性地解决后进生的"问题"行为，加大对后进生的学法指导，提升后进生的自身能力，善用工作技巧来解决后进生问题，走出教育后进生的误区。本书有较强的可读性、针对性、实用性和操作性，对教师转化后进生的教育工作有实际性的参考和切实有效的帮助。

12.《从管到不管》

课堂管理艺术和技巧是以学生发展为本的，是教师教学智慧的新表征，是教学实践和经验概括和理性提升，本书所阐述的艺术和技巧是简约的，实用的，可操作的，可借鉴的。教师通过本书的阅读和借鉴，能够在新课程实践探索的道路上，不断更新课堂管理理念，优化课堂管理行为，形成新的教学本领和新的课堂管理艺术，让课堂教学焕发出生命的活力。

13.《把握好教学心理》

为了帮助读者成为"有意识的教师"，作者提出了若干问题以引导学生思考和学习，并列举大量课堂实例，作为实践范例。本书鼓励教师去思考学生是如何发展和学习的；鼓励教师在教学之前和教学过程中做出决策；鼓励教师思考如何证明学生正在进行学习、正在迈向成功。本书反映了当前有关的新理论与新进展，所介绍的各种研究结论在课堂实践中得到了验证与应用。该书所倡导的兼收并蓄的均衡教学为教学的专业化发展奠定了基础。

14.《完美的班规》

优秀的班集体需要制订切实可行、行之有效的好班规。本书采用了通俗的创作方法，把死板的道理鲜活化，把教条的写法改变为以案例为主，分析、评点为辅，把最先进的教育理念和方法融入有趣的情境中。经典的案例，情境式的叙述，流畅的语言，充满感情的评述，发人深省的剖析，娓娓道来、深入浅出，让教师更充分地领会先进、有效的教育方法。

15.《让问题学生不再成问题》

班级里总有那么些学生：有的顶撞老师，经常迟到；有的迷恋网络，偷拿钱物，早恋；有的对同学暴力相向，甚至离家出走；教师在他们身上花费很多精力，然而收效甚微。教育这些学生，需要耐心，更需要教育的智慧。

本书是一部针对这一现象为教师提供方法的教育研究专著,也是一部关于问题学生的教育学通俗读物。本书以教师最头痛的问题学生为突破口,努力在这个问题上把智慧型教育理论化、具体化、可操作化,且适当规范化。这既是教育问题学生的一本"医书",也是教师科学思维方式的培训教材。

16.《消除师生间的鸿沟》

本书在编写中,尽力以轻松的笔调来"海阔天空"地谈论教育中的师生关系这一敏感问题,以求能让读者在阅读中有愉快、有启发、有思辨。本书每一篇章采用夹叙夹议的编写风格,叙述的是事例,议论的是道理。为了最终能让读者更广泛、更深刻地明白教育道理,本书一般通过"生活事例——生活道理——教育道理——教育案例"这种内外结合、纵横交错的行文方式,实现"顺理成章"的阅读品质。

17.《用活动管理班级》

随着社会和教育的发展,我们对班级的认识也经历着一个相应的发展历程。班主任的角色定位与对班级性质的认识应该是相匹配的。班级活动作为班级功能主要的承载体,在功能、形式和内容上同样需要在新课程背景下重新定位。本书紧扣班主任专业化发展这一核心理念,从班主任实际工作需要出发,由案例导入理论问题,又理论联系实践,突出案例教学与活动的组织和设计;不仅贯彻教育部提出的针对性、实效性、创新性、操作性等原则,而且便于进行系统、有选择性的培训。

18.《学生奖惩艺术》

现在的学校普遍提倡激励教育,少用惩罚性处罚手段,认为处罚只能打击学生的自尊心,使学生丧失上进和改正缺点的动力。但是,激励不是万能的。教育不能没有处罚,没有处罚的教育是不完整的教育。本书针对教师如何奖励和处罚学生进行了系统而深入的分析和探讨,并提出了解决这一问题的新思路、可供实际操作的新方案,内容翔实,个案丰富,对中小学教师颇有启发意义。本书体例科学,内容生动活泼,语言简洁明快,针对性强,具有很强的系统性、实用性、实践性和指导性。

19.《永葆教育激情》

谁偷走了中小学教师的激情?生命中不能承受之重对教师起到了什么影响?教师职业倦怠的原因在哪里?克服倦怠的具体行动有哪些?如何正确认识和驾驭工作压力?……这些问题就是本书要为你回答的。本书对教师的职业倦怠进行了系统而深入的分析和探讨,并提出了解决这一问题的新思路、可供实际操作的新方案,内容翔实,教案丰富,对中小学教师颇有启发意义。

20.《超级班级管理法》

班级管理是门艺术,大凡艺术殿堂的攀登,都需要自觉的奉献;班级管理又是门科学,涉及科学领域的探索,必依赖智慧的涌动。本书是多位优秀班主任集思广益、辛勤笔耕的结晶。一是实用性,所选的问题都来自班主任的实际工作,容易引起班主任的同感。二是可操作性,提出的应对方法都简便易行。三是时代性,所选问题与当前课程改革,与学生实际相结合具有浓厚的时代气息。

由于时间、经验的关系,本书在编写等方面,必定存在不足和错误之处,衷心希望各界读者、一线教师及教育界人士批评指正。

编者

C目 录
ONTENTS

第一章

避免走进教学雷区

"贿赂"学生要不得

我们先看一段对话：

教师A：张老师，你买这么多铅笔干什么？

教师B：送给学生的。

教师A：干嘛送给学生？

教师B：现在的学生不好管，不给点好处还真不行。

再说，这也是爱学生嘛。

教师A：哦，你又要"贿赂"学生了。

以上两位教师的对话，让人深思。

在学校情境里，教师作为社会的代表，相对于学生来说无疑是权威者。美国教育学家克利夫顿与罗伯兹认为教师有四个层面的权威，即法定的权威（法律赋予的权威）、传统的权威（在长期传统因素影响下形成的权威）、感召的权威（由个人魅力所形成的权威）和专业的权威（由教师专业因素而获得的权威）。既然教师拥有如此多的权威，教师还有必要去"贿赂"学生吗？

有人曾经做过这样的调查：在所有被调查的教师中近70%的人有过向学生赠送小礼物或封官许愿的行为，一半以上的人有过对难以管理的学生，迁就和降低要求的经历。并且发现，学校办学声誉越好这种现象越普遍，在少数名校里，几乎所有的青年教师都进行过这种"贿赂"行为。虽然许多教师认为这些做法都是出于正当的目的，事实可能如其所言。但也不可否认，其间并非皆如他们所言。绝大多数教师都承认，学校中确实存在着主观谋求教师利益而客观兼顾学生利益，或直接谋求教师利益而间接损害学生利益的教师"贿赂"学生的现象。

教师主要通过以下五种方式对学生进行"贿赂"：

1. 虚假表扬

实事求是的表扬不但可以使学生看到自己的长处和优点，激励其进

取，而且还会对其他学生的思想行为起导向作用。但现在教师们仿佛走上了一个极端，滥施表扬，虚假表扬满天飞，赞誉之词比比皆是。

2. 过度奖励

适度的奖励有利于激发学生的学习积极性，能起到正面的促进作用。但过度地进行奖励，则使奖励行为蜕变为一种"贿赂"。"贿赂"物主要是物品、奖励符号（如小红花、五角星、奖状）、分数等。

3. 不当许愿

有些教师为了使即将到来的考查、评比、听课等获得"最佳"的效果，往往会在此之前对学生许愿，以此先"稳住"学生。比如，有些教师会说："如果大家表现好，我就带大家去春（秋）游"、"如果你听话，我就带你去吃麦当劳（肯德基）"等。

4. 招安式封官

有些教师为了稳住班级里某个破坏力较大的学生，或有一定影响力的非正式小团体的"小头目"，不让他们闹事，往往采用封官的办法进行安抚。

5. 无原则迁就

对于一些调皮学生教师有时会不得不牺牲制度和规则以讨得暂时的安宁。比如，有些教师明知少数学生在考试时作弊，却不敢按章处理。因为怕学生对处理难以接受，作出过激的反应，于是睁一只眼，闭一只眼，希望大事化小，小事化了，这样做从表面上看似乎减少了矛盾，规避了风险，实则不然。

从总体上说，教师"贿赂"学生的现象对教师和学生的发展有许多不良的影响，甚至是危害。

就学生而言，首先，它会导致班级不公平现象的出现，会诱使学生产生通过增加不良行为的方式获取教师重视的意识和行为，会降低学生自觉遵守纪律的积极性，破坏学生自觉遵守纪律品质的形成，甚至使学生丧失按道德规范做人处事的信念。

其次，它会导致学生产生奖励依赖的心理。不管是不当奖励，还是过度许愿，实质都是一种交换，所遵循的都是行为主义心理学刺激——反应的强化原则。过度的使用会使学生产生奖励依赖，形成不给好处不出力的不良品质。

再次，它不利于学生潜能的发掘。"贿赂"行为满足的是学生低层次的需要，缺乏发展性需要的满足。且这种满足不是学生自己通过正当方式和途径主动、自觉、艰苦地努力而获得的，而是来自于教师无原则地给予。

就教师而言，这种行为不利于教师优良职业道德的形成，因为这种行为本身就是某种自私，是以获取自己的利益为第一追求的，与一切为学生的教师职业道德相背离。同时，它也会降低教师钻研业务的积极性，制约教育智慧的生长。既然小恩小惠就能收买学生，收到较好的效益，那又何必费力去提高业务呢？而教育智慧恰恰是在教师与学生的相处之中，尤其是在处理复杂事件的过程中生长起来的，收买绝不是教育智慧，而是一种自私而又无能的表现。

教师要提高自己的职业道德水准，秉持操守，不跪着教书。学者吴非说："要想学生成为站直了的人，教师就不能跪着教书。如果教师没有独立思考的精神，他的学生会是什么样的人……一想到中国人百年的下跪历史……想到下一代人还可能以各种各样的形式下跪，就觉得我们中国首先得有铁骨铮铮的教师，教育的辞书中才能有'铸造'这样的词条。"

教育是一种阳光事业、一种阳光工程，教师应该公开、公正、公平地对待学生、评价学生，从而让学生的心灵充满阳光。

贿赂学生要不得！

求快乐　也要注重教育

快乐教育是没错，但是如果这个快乐教育，让孩子一旦面临困难时，手足无措，不堪一击，那么就不是真正的快乐，也不具备乐观精神。真正的快乐教育，是帮助孩子建立真正强大的内心力量，是那些我们大家都认可且需要的品质，内化成孩子自己所真正拥有的，那么可以说，这些都是以支撑孩子以后遇到应试困难和磨炼时，甚至人生的困境时，能够很好地面对和前行。

今天上课的时候，又有一位学生和我"贫"了几句，我调侃地说："有个调皮的孩子其实挺不错的，因为在炎炎夏日，大家在快乐的斗嘴中可以放松一下心情。只要注意不要散布不法言论和消极腐败的东西就可以了。"

可能很多老师和学生会认为师生间应当保持很郑重的尊敬，调侃当然是不可以的，但我认为恰恰相反，就像婚姻一样，夫妻没有争吵并不一定标志着彼此相爱很深，有时恰恰是婚姻中隔阂严重，彼此已懒得交流，学生敢于和老师"贫"几句，说明他们还乐意和你"贫"，喜欢和你交流，相信他们永远是善意的、可爱的。因为我曾经在和学生沟通的时候，有一次他们就告诉我说，对于他们认为不喜欢的老师，最严重的程度就是连问题都懒得去问，甚至会阻止其他同学去问，那么他们还可能主动去和老师调侃吗？所以如果有学生上课时调皮一下嘴，你应当用幽默而非批评来解决，引导其向有利于彼此关系的方向发展。前苏联教育家苏霍姆林斯基说过："没有教不好的学生，只有不会教的教师。"是啊，学生的智商没有太大的差别，有的只是兴趣、习惯和学习的品质不同罢了。面对当今教育现状，激发学生的学习兴趣，培养学生良好的学习品质，应该是我们教师教学的首要问题。如何能让学生积极主动地学习呢？在快乐学习中，知识、能力得到高效地提高。

那么到底什么是快乐教育？"快乐教育"就是面向全体学生。强调愉快发展，创造一个轻松、愉快的环境，极大的激发学生的学习积极性和主动性，在愉快中求发展，在发展中求愉快。快乐教育在受教育者发展的内外因问题上，强调在需要层次上充分调动学生内在的积极性。在处理教育中知、情、意关系问题上，强调以愉快为核心的各种积极情感与认知的互促，达到知、情、意并茂。实施快乐教育的重点在课堂教学，而搞好课堂教学的关键是师生双方各自对教学活动的情感、态度、师生双方的人际关系和相互作用以及教学的方法。作为教师，只有树立快乐教育的理念，把握"快乐教育"的思想精髓，才能把学生引领到知识的乐园中。

当今教育界的许多专家学者，包括社会各界的有识人士，都在大声疾呼实施"快乐教育"，因为快乐教育既尊重人的天性，又强调人的全面发展，还符合教育本来意义，更会有成功的教育成果，如此完美的教育思想体系，当然要大力推广和提倡了。

可是，在实际运用和操作的过程中，快乐教育真的如理论上体现的这么完美吗？

NO!

走进学校，走进课堂，你会看到，快乐教育的背后存在很多的不快乐。

某老师在给孩子们上体育理论课。既是理论课。自然不必在操场上。只见他搬来多媒体教学设备，给孩子们播放张艺谋导演的《英雄》、《十面埋伏》等影片的剪辑片断，孩子们眼睛瞪得大大的，盯着屏幕上忽而战火纷飞，忽而刀光剑影，忽而一片静寂，忽而人影啸动。箭来剑往……他究竟想给孩子们讲什么？原来是要讲"中国武术的发展"……

再看这个课堂上发生了什么？老师刚一提出问题，孩子们马上就高举起了手，为了让老师注意到自己，孩子们还不停地喊着："我，老师，我！"有的甚至快跳到了桌子上。老师微笑着面对这种看上去有些混乱的局面，点了一个学生的名字。那个孩子显然没有经过充分的思

考，他站起来后，脸上带着滑稽的表情说："其实我还没想好……"随之传来哄堂大笑，有的孩子甚至用手使劲拍着桌子。老师依旧柔声细语："你能积极举手，积极争取表现自己的机会，是一种张扬个性的表现，很好！"

……

上面例子中所描述的这些场面，凭心而论，学生当然是快乐的，可是，它不是真正的快乐教育，相反，这只是表面上的快乐。

真正的快乐教育，是帮助孩子建立真正强大的内心力量，是那些我们大家都认可且需要的品质，内化成孩子自己所真正拥有的。

从上述事例中，我们可以总结出一些人对快乐教育认识上的谬误：

（1）简单地把重心放在"快乐"两个字上，认为快乐教育就是让孩子快乐，只要让孩子快乐了，就是实施快乐教育了，就算实现快乐教育的目的了。所以，学习《春》可以不去体味文章中优美的语言和文字创造的意境，可以不实现语文教学的常规要求，只要孩子们在唱、画中快乐了，这堂课就算成功了。

（2）简单地认为，快乐教育等同于娱乐教育，在游戏中、在观赏中、在表演中，孩子们快乐地叫喊着快乐地陶醉着快乐地打闹着，看起来精彩纷呈，可其实质不是快乐，而是放纵。

（3）让孩子快乐就是要"讨好"孩子。像父母一样去宠爱学生，愿意学就让他们学，不愿意学，就先领他们玩。他们说什么做什么都报一声"好"，还认为这是保护学生的个性，尊重学生的思想。

（4）快乐教育就是放松对学生的要求，减少压力和负担，降低学习难度。于是，我们可以不考试，可以不做作业，可以想玩就玩，上课想怎么坐着就怎么坐着……总之，没有那么多的条条框框来限制学生。这看起来的确是好事，的确符合快乐教育的核心思想，学生没有压力了，而且可以按照自己的意愿来决定自己的行为，多民主啊。可是，没有压力，孩子就真的会快乐吗？想怎样就怎样，就能开心吗？

如此"快乐教育"还是赶紧打住，否则隐患多多！

只求快乐，不注重教育，最终会导致孩子们基础学习能力的下降，不能很好地掌握必要的基础知识。不要只是逼迫孩子们死读书死记知

识，我们不能从一个极端一下子走到另一个极端，认为快乐教育就是不学基础知识。我们强调素质教育，重视一个人的素质发展、能力培养。但是这些都是建立在具备一定文化素养的基础上，也就是说，基础知识不能忽视。

据人民网报道，曾经被许多教育人士效仿的美国、英国及澳大利亚等国家。近来的教育改革反而出现了强调学生基础教育的倾向：布什政府制订的《不让一个孩子掉队法案》，重新界定了标准化考试、排队和处罚的有关标准；英国媒体评论道，工党政府制定的基础教育教学标准的难度应该加大，而不能为了迎合学生一再不负责任地降低，否则必将会导致英国基础教育整体质量下滑；澳大利亚的教育顾问研究发现，从上世纪80年代和90年代开始采用的教育体系，缺点是课程无法使学生掌握必要的基础知识、理解能力和技能……

我们呢？说课程改革，谈快乐教育，就只在快乐二字上下功夫了？当失去了教育的功能，还能叫教育吗？

只求快乐，事事顺应学生，会导致孩子心理脆弱，经不起任何挫折。表面看起来孩子没有过多学业压力了，每天都开开心心的，可是，没有任何压力，孩子就能快乐学习吗？平日里听惯了赞扬和顺应的话，今后踏上社会，如何在多变的环境中生存？如何在竞争激烈的时代里发展？

要孩子快乐，不是引领他们做游戏，多给他们几句肯定的话，事事顺应他们，让他们笑几声就可以了，那只是肤浅的表面的快乐，带给孩子的愉悦也是暂时的。要让孩子快乐，最根本的是给他们制造快乐的能力，给他们寻求快乐保持快乐的心理素质。拥有了这些，他们才会在失败的时候、在不如意的时候、在面对困难的时候，依然能够保持快乐的心境，依然能够微笑着生活和工作。

因此，我们认为：

（1）快乐教育不等于不教育。快乐教育并不是只让学生开心、快乐地进行游戏，忽略系统知识的学习、能力的培养提高的教育。快乐教育的核心理念是：要学生快乐学习。也就是说，重心在学习二字上，强调的是快乐地学习。而如何解释这个快乐？不是嬉笑打闹、游戏玩乐、唱歌跳舞加绘画，就等于快乐了。与学习联系在一起的快乐，应该理解

为：乐学、好学、充满激情。也就是说，快乐教育追求的是创造愉快和谐的学习环境，激发学生浓厚的学习兴趣，培养学生良好的学习习惯和学习态度，从而使学生带着极高的学习热情投入学习，以极高的学习能力获得好的学习效果，从而感受到学习的快乐。

在这个过程中，学生或许没有足够的时间去游戏去玩耍，甚至为了解开一道题冥思苦想、夜不能寐，为了完成一篇作文，放弃足球比赛，放弃郊游……但是因为他处于主动学习的状态，带着激情去做这些事情，他感受到的不是苦，而是快乐。这就是为什么有的孩子弹一小时的钢琴，委屈地认为自己快累死了，而有的孩子练上五个小时，依旧兴致勃勃，声言"玩得很开心"的内因。

（2）快乐教育不等于放低要求、放纵学生。快乐教育，改变的应该是老师陈旧的教学方式，而不是放低对学生的学习要求。比如，就写作业这个问题，快乐教育不是不要学生写作业，而是改变过去那种机械重复的作业内容，注重作业的实效性、多样性。在日常教学活动中，我们应该运用富有实效的教学方法，极大程度地调动学生的学习积极性，创造一个轻松、愉快的学习氛围，同时把严格要求渗透到快乐之中。

另外，不能为了让学生快乐，就一味纵容他们。学生毕竟是孩子，个性需要保护和发展，但是也不能无节制地、自由地发展，尤其当他们的思想中、言行中出现了明显的不足乃至错误的时候，我们不能依旧抱着要孩子快乐的宗旨，放纵他们甚至讨好他们。必要的时候，不仅不能丢了惩罚，而且还要有意识地为学生制造"麻烦"，为他们施加点"压力"。

有压力不等于不快乐，消除麻烦之后，孩子会感受到更大的快乐。就好比一个人生来就只吃甜食，从没有品尝过苦辣酸等滋味，那么他自然不会懂得"甜"是一种让人倍感舒适的味道。由此推论：一个人生来只知道快乐，从没有感受过苦恼是什么滋味，那么他也不会明白"快乐"是一种让人心身愉悦的情绪体验。"失去才知道珍惜，苦过才懂得甘美"，这就是人的固有心理。

所以在日常教学中，不可一门心思要孩子们快乐，甚至为了不打击孩子们的学习积极性，无原则地纵容他们，乃至"取悦"他们。必要

的时候，为他们设置一些他们力所能及能够跨越的学习"障碍"，引导他们积极地解决问题，自主克服困难，相信一次次跨越之后，孩子们会感受到越来越多的学习的快乐。通过努力获得成功的满足感，这种快乐是孩子们靠自己的努力换来的，不是老师刻意制造出来的，所以这才是真正的快乐。

总之，让学生全面发展，让他们快乐地、健康地成才，是快乐教育的最终目的。就让我们时刻拿这个最终目的检省自己，做一个真正的快乐教育的实施者。

不要过早地促进学生"成人化"

我们的教育一直有个目的叫做"促进人的社会化"，想想也对，我们的孩子将来都是要走上社会的，必须在受教育期间教会他们适应社会生活，使他们从"自然人"变化为"社会人"，学校必须在促进人的社会化这一工作中有所作为。

可惜，我们在这方面似乎并没有多大作为，社会实践能力和适应能力不强已成为中国孩子的通病。即使是大学生，他们毕业后走上社会，也会发现他们的所学不及所用，为胜任工作，他们往往不得不从头学起，由此哀叹，那么多年的书白读了！

可我却对所谓学校在"促进学生社会化方面没有作为"这句话表示怀疑了。因为十多年的教育过程中，我们做了很多抑制孩子童真、天性的事，从孩子读书的第一天起，我们即在让孩子迅速地"成人化"。

我们告诉他们，外面的世界里，竞争是多么激烈，竞争是很残酷的，因此，从小必须好好读书，在班级里就要和别人竞争。这样经常说，就把整个班级社会化了，把小孩子成人化了。我们用成人的语言教训天真的孩子，用成人的思维去评价和估量孩子的行为以及他们行为的价值，一切童趣可能都不被欣赏。我们乐于用成人世俗的实用的功利的眼光来判断孩子的是与非，我们阻止他们的出于天性的"美梦"时是无情的，教师可以轻易地做到这一切，因为教师在课堂上乃至课堂外都确立了自己的绝对权威地位。因此，孩子们并不能向教师正常地表达自己对美好童年的依恋，而教师即使做了孩子珍贵的童年的"杀手"，却也浑然不觉。

一切所谓科学的教育教学方法手段都必须是符合孩子天性的，当我们认真反思我们的教育教学，就会发现我们有太多出于主观愿望却违背客观规律的事，太多的做法都在剥夺孩子们享受童年的权利！

富有远见卓识的教育专家们指出，要改正上述错误做法，要走出"过早促进学生社会化"的误区，最好的办法就是教育者要拥有一颗童心。

教师的童心意味着怀有儿童般的情感。裴斯泰洛齐在《与友人谈

斯坦兹经验的信》中这样深情地写道:"我决心使我的孩子们在一天中没有一分钟不从我的面部和我的嘴唇知道我的心是他们的,他们的幸福就是我的幸福,他们的欢乐就是我的欢乐。我们一同哭泣,一同欢笑。"能够自然地与学生"一同哭泣,一同欢笑"的教师无疑会被学生视为知心朋友。有些在成人看来是不可理解的感情,在儿童看来却是非常自然的。而变"不可理解"为"非常自然",正是不少优秀教师赢得学生心灵的法宝。否则,用成人的冷漠去对待孩子,一切"语重心长"的教育都无济于事。

教师要时刻保持一份童心。有的教师认为,教师在学生面前固然应平易近人,但切不可显出过分的"孩子气",因为这样会使教育者丧失起码的尊严。但我认为,只要把握学生的情感,并注意环境、场合,教师任何"过分的孩子气"都不会是多余的。作为成人,教师当然不可能在任何方面都与学生有着共同的兴趣爱好,但教师的职业却要求我们应该保持一点儿童的兴趣。"只要人们没有做到以童年的欢乐吸引住孩子,只要在孩子的眼睛里尚未流露出真正的欢欣的激情,只要他没有沉醉于孩子气的顽皮活动之中,我们就没有权利谈论什么对孩子的教育影响。"(苏霍姆林斯基《教育的艺术》)也许你并不喜欢足球,但你的学生在课间谈起马拉多纳便眉飞色舞,那么你最好关心一下电视台的足球赛转播;也许你对港台流行歌曲并不太感兴趣,但你的学生对此如痴如狂,那么,你也不妨多少听听刘德华、张学友的歌;也许你并不爱看武侠小说,但你的学生有时连上课时都在偷偷地读金庸、梁羽生,那么你也不妨硬着头皮读读《鹿鼎记》《倚天屠龙记》……这绝不是一味地迁就学生,而是教育的需要:多一种与学生共同的兴趣爱好,你便多了一条通往学生心灵深处的途径。当学生发现老师带他们去郊游并不仅仅是为了满足学生们的愿望,而更多的是出于老师自己的兴趣时,他们会不知不觉地把老师当作朋友。在与学生嬉笑游戏时,教师越是忘掉自己的"尊严",学生越会对老师油然而生亲切之情——而这正是教育成功的起点。

教师的童心意味着具有儿童般的思维。我们常常说要多理解学生,但有时学生的言行,站在教师的角度看,是很难理解的。在这种情况下,只要我们站在学生的角度考虑一下,就很容易理解了。

有这样一个故事:

天热了，学校离海不远，校长把学生带到海边去玩。他自己站在水深处，规定学生以他为界，只准在浅水区玩。小孩都乐疯了，连胆子极小的也下了水。终于，大家都玩得尽兴了，纷纷上岸。这时发生了一件事情，把校长吓得目瞪口呆。原来，那些一二年级的小女孩上岸后，觉得衣服湿了不舒服，便当众把衣裤脱了，在那里拧起水了。在光天化日之下，她们竟然围成了一小圈人墙拧衣服。校长第一个冲动便是想冲上前去喝止——但好在凭着一个教育家的直觉，他等了好一会。这一等好了，他发现四下其实并没有任何人大惊小怪。高年级的同学也没有人投来异样的目光，傻傻的小男生更不知道他们的女同学不够淑女，海滩上一片天真快乐。小女孩做的事情不曾骚扰任何人，她们很快拧干了衣服，并且重新穿上——像船过水无痕，什么麻烦也没有留下。

不难想象，如果当时校长一声吼骂，会给那个快乐的海滩之旅带来多么尴尬的阴影。那些小女孩会永远记得自己当众丢了丑，而大孩子便学会了鄙视别人的"无行"，并为自己的"有行"而沾沾自喜。他们是不必擦拭尘埃的，因为他们是大地，尘埃对他们而言是无妨无碍的，他们不必急着学会为礼俗规范而惭愧，他们不必那么快学会社会成人们的琐碎小节。

这个故事中，校长是明智的，如果当时他冲上去喝止那些小女孩们，那么他的怒骂不仅仅会使海滩之旅充满惆怅，更主要的是会使很多纯洁的心灵蒙上阴影。小孩子的心灵是单纯的，他们的复杂是成人强加在他们身上的，卢梭说过："孩子需要自然的发展，请不要把孩子都当成小大人。"不同阶段的孩子会做不同阶段的事情，孩子的发展应该有自己的自然规律。我们为什么使一件十分正常和自然的事情变得难堪呢？成人和教师们不应该过早地把成人世界的过多的规则和规范套牢在孩子身上，在孩子们发展的不同的阶段，必然会有他们不同的行为，有不同的认识，教师们应该对学生们处于不同阶段所犯的错误进行指导，而不是一味地指责、呵斥。因此，只有学会"儿童思维"，你才能发现学生缺点中的可爱之处，甚至智慧之处。

拥有一颗童心吧，用欣赏的眼光去看孩子的天真、幼稚甚至调皮、淘气，千万不要走入过早促进学生社会化的误区。

耐心等待　不可拔苗助长

联合国教科文组织曾提出 21 世纪教育的四大支柱是：学会认知、学会做事、学会共同生活、学会成为你自己。为实现这样的教育目标，教师需要做到"六个学会"：学会等待、学会分享、学会宽容、学会选择、学会合作、学会创新。学会等待意味着教师要能够用发展的眼光看待学生，意味着能够用从容的心态对待自己所做的工作。其实，对于我们个人来说，我们 90% 的努力都是徒劳的，而正是这貌似徒劳的努力，使我们拥有 9% 的接近成功的机会，而正是这 9% 的接近成功的机会，最终使我们拥有 1% 的取得成功的可能。每一个人都有一个从幼稚走向成熟的过程。学会了等待的教师一定永远不会对学生说"你不行"。当我们学会用等待的心情看待学生时，我们就能对学生少一点苛责、少一点失望、少一点冷漠，而多一份理解、多一份信心、多一份亲切。但现实生活中，教师总对自己的学生怀有一种恨铁不成钢的心态，总希望自己的学生个个是爱因斯坦，个个是齐白石，个个是陈景润。

人们都习惯将教师称作园丁，园丁种花草必须遵守花草生长的时令和季节，教师必须依照儿童身心发展的规律，尊重儿童的自然本性，尊重生命，尊重孩子内心发展的要求，顺其自然，因势利导，让孩子充分、健康地成长。

拔苗助长的寓言故事告诉我们，拔苗助长，适得其反。教育的最大功效就在于教育过程中找寻最适合孩子的方法和成才之路，应该以一种无为在行、有为在心的态度对待孩子的成长。就像冰心说的那样"让孩子像野花一样自然成长"。童年不会再来，自然生态环境一旦被破坏尚且难以修复，教育生态环境一旦恶化更是不可逆转的。卢梭也早在240 年前就已经说过：大自然希望儿童在成人之前就要像儿童的样子。如果我们打乱了这个秩序，我们就会造成一些早熟的果实，它们长得既不丰满也不甜美，而且很快就会腐烂。我们将造成一些年纪轻轻的博士和老态龙钟的儿童。儿童是有他特有的看法、想法和感情的。如果想用

我们的看法、想法和感情去代替他们的看法、想法和感情，那就是最愚蠢的事情。

我们不妨看看下面这个教学片段：

数学课上教学"8 加几的进位加法"，教师出示一幅"两排小树"图后，创设情境导入。

师：同学们，你们知道"植树节"是几月几日吗？

生：不知道。

师：（意料之中）老师告诉你们，是每年的 3 月 12 日。（板书）谁能说一说植树有什么好处？

生：树长大后可以劈柴烧。

师：（略感意外）你的想法是可以的。谁还知道有其他的好处吗？

生：树木可以做地板、做家具。

生：树木可以盖房子、造船用。

生：如果院子里栽棵小树，小孩子不听话，爸爸、妈妈可以折根条子揍小孩的屁股。

师：（快快不乐）老师告诉你们，植树可以净化空气，美化我们的环境。请小朋友们观察一下，前排有几棵树？有几排呢？

（很显然，老师怕耽误教学时间。）

案例中的教师面对学生的回答，非常生气。可他没有想过，孩子毕竟是孩子，在他的生活经验中，树木就是可以劈柴烧的，可以做地板的，可以做家具、盖房子、造船的，甚至是爸爸妈妈折根枝条揍孩子屁股的。他怎能在短短的课堂内非常成熟地想到净化空气、美化环境这么专业的答案呢？在许多课堂上，教师已无法等待学生的思考，他迫不及待地要告诉学生他认为的正确答案。为什么我们不能等待呢？为什么我们一定要将成人的意志灌输给我们的孩子呢？

17 世纪捷克教育家夸美纽斯在他的《大教学论》一书中提出：一切教育工作都应顺其自然。他认为人应追求的目的或要求于人的东西，是"形成人的整体后的东西"。"人生来就有求知的欲望，有从事劳动的能力和欲望。""人有感知万事万物的才能，只要服从自然，人就能

获得关于一切事物的知识。"他主张教师要适应儿童年龄特征和个别差异的规律,课堂尽量减少强迫学生去记忆。因为学生不可受到不适于他们年龄、理解力与现状的材料的过分压迫,否则他便会在不实的事情上耗费他的时间。因此,我们必须学会等待。

美国著名教育家杜威说过,人的成长是各种能力慢慢增长的结果。意大利幼儿教育家马拉古齐也说过,我们非常留意和尊重幼儿的时间,给予幼儿所需的时间,我们真的需要放慢脚步。就是说我们应该等待儿童。我们常常不等儿童成熟,便急于把在成人看来一切有用的知识塞给儿童;我们不等儿童思考,便急于把现成的、可靠的答案告诉儿童;我们不等儿童尝试,更厌烦他们"出轨",便急于完成心中完美的教学计划;我们不等有特殊能力或特殊需求的个别儿童,便急于维持全班步调一致的活动程序。

曾经有人说了这样一则笑话。他说,人为什么烦恼呢?因为人总是不想做人,总想变成别的。从小,孩子们就被老师问:长大后想干什么呀?有孩子说,长大后要做科学家;有孩子说,长大后要当音乐家;也有孩子说,长大后想当飞行员等等,唯独没有一个孩子说长大后想做自己。也就是从那时起,孩子们心中就立下志向,长大后要变成什么……长大后成不了科学家、航海家、医生或律师的,他便会感到非常烦恼。而成了科学家、医生、律师的,也仍旧烦恼。因为,他想做最好的医生,成为最好的律师。

老师们早已习惯于用一种成人的眼光和心态去评价、衡量正处于生长发育状态的孩子。他们没有耐心等待孩子自然成熟。事实上,如果我们不把每一个孩子都当作独立的有生命的个体,无视孩子的个体需求而过度开发,必将付出很大的代价。

不必说多数孩子都是极其普通的,哪怕是神童也需要特别呵护。智商超常者的生活往往从青少年时期起就开始变得复杂。除了这个年龄阶段通常会出现的问题之外,还有智商本身带来的问题。如过于敏感、完美主义和性格内向。西班牙地中海神经学院的青少年精神病专家奥克西·哈瓦洛耶斯说:"通常,人们对他们的超常智商的孩子抱有很高的期望值,这就使孩子们感到了压力。此外,他们当中的很多人社会交往能力很弱,在青春期的时候没有形成帮助他们度过这一危险时期的一个

朋友圈。他们经常会做一些怪异的行为等。这些孩子在情感方面往往特别不成熟。"哈瓦洛耶斯还说，神童的老师或父母往往把他们的学生或孩子看成是"微型成年人"，但他们毕竟还是孩子，他们有与同龄孩子共同的一些心理特征，然而这种共同的幼稚与童心过早地被神童这一称号给掩盖了。最后导致很少的神童能成为科学技术领域里的杰出人物。

面对这种现象，一位学者不无忧虑地指出，这是一个万物都被注射了激素的年代。我们吃着早熟的水果、蔬菜、粮食，看着早熟的明星的表演，阅读着早熟的作者的文字，祝愿自己的下一代在早熟者的行列里名列前茅。也许再过若干年，人世间的万物都将不再拥有童年。

为什么要如此急不可耐呢？

教育是一个过程，这个过程就是一种等待，是教师敞开胸怀的等待。给学生一份期待，给学生一方晴空，或许他们会在不经意间给我们带来惊喜，带来收获。

不唯标准答案是从

有位教师出了几道题：

第一题：请用一个词语来概括下列句子的意思：

（1）思想一致，共同努力/齐心协力（同心协力）

（2）形容刻画描摹得非常逼真/栩栩如生（惟妙惟肖）

第二题：判断题：

（1）描写梅雨潭的绿，观察点是梅雨潭（√）

（2）最后通过想像，把梅雨潭的美提高到了神妙的高度（√）

在第一题中的第一小题，学生回答齐心协力，而老师认为学生答错了，应该是同心协力；第二小题，学生回答说栩栩如生，老师认为是错的，应该是惟妙惟肖。第二题中第一、第二小题学生都判断为对，而老师认为都错，因为第一题的标准答案是"描写梅雨潭的绿观察点应是梅雨潭边"，第二题的标准答案是"最后通过想像，把梅雨潭边绿的美提高到了神妙的高度。"请问学生的回答真的错了吗？同心协力和齐心协力有何本质区别？栩栩如生与惟妙惟肖是否表达了同一个意思？刻意追求"梅雨潭"和"梅雨潭边"的不同有意义吗？教师貌似严谨的教学风格中，透射出的却是呆板、僵化的教条主义教学观。其核心是对学生思维的不尊重，对学生知识经验的不尊重，对学生发展水平的无知。

在教师这样的无效教学下，学生的思维被严格地束缚在唯一的刻板的答案中，儿童爱想像的特点受到了严重的压抑，更别提创造性思维的发展。

还看过这样一个真实的故事。

一个叫洪兰的华人，以前一直在美国教书，1990年他回到中国后，他的孩子也同时回国读小学。然而，麻烦便开始出现了：孩子插班去读

小学三年级，第一次月考时，满堂红，全部不及格。

洪兰先生对此愤愤不平，认为问题不在孩子而在老师。因为那张考卷的标准答案非常死板，完全不让孩子有想像的空间。

例如，自然科的考卷中有一道问题：蚯蚓喜欢生活在（1）沙滩（2）大树下（3）菜园里（4）水沟中。标准答案为（3）菜园里，但事实上任何阴湿的地方都可以找到蚯蚓。

洪先生的儿子选了（2）大树下，因为他在美国的家的后院有棵水蜜桃树，每年夏天果实累累，常来不及吃就掉下来，在地上积起厚厚一层烂桃子，因此大树下真的有无数的蚯蚓在那里钻动。所以孩子很自然地就选了大树。数学没及格的原因是他做除法的方式与大陆老师所教的有一些不同，答案是对的，但是写余数的方式中国与美国的写法不一样，老师全部给他半对，扣去一半的分数。

孩子亦认为老师不应该扣他分，因为他认为只要他会做，得到同样的答案，用什么方式应该是他的自由。

在往后的三年里，孩子的这个想法给他自己带来了极大的苦头。因为他一旦学会一个方法，便不会始终同用一种方式去做题目，每次都想找捷径，尝试新的方法，对标准答案他也很不能接受，常去找老师争辩，最后的结果是老师不喜欢他，同学也不喜欢他，上学变成很痛苦的事。他开始逃学，发展成身心症，一上学就生病，不上学就好好的，闹了很多年，最后回到美国学校上课才算有了解决。

曾有人评价中国的教育，"小学是'听话教育'，中学是'分数教育'，大学是'知识教育'。"

静心想一想，这确实是一种无奈的现实，也是中国教育的误区。

素质教育已经推行多年，但我们的教育，我们的老师并没有完全从应试教育的体制下走出来。

如今，早就进入了一个前所未有的新时代，这个时代被人们冠名"知识经济"时代。有学者估计，现在世界知识大约每7年翻一番。有资料表明，现代社会知识的生产速度越来越快。

在这样的大背景下，如果我们没有一支具有创新精神的教育队伍、没有一批为教育事业而付出创造性劳动的教师、没有一群具有很强创造

欲望、创造能力的学生是不行的。

我们的创造力教育在企盼着诞生、发展，在企盼着生根、发芽、开花和结果。

有两个中国青年在美国某一大学的同一个班级学习了一段时间，期末考试的成绩，这两位学生被教授评为"不及格"，——因为全班学生中，只有他们俩的试卷答案十分相似，观点和措施也相同，教授视为抄袭行为。这两位学生哭笑不得，他们之间并未作弊。

为什么？可能是由于我国的教育从小就培养学生"标准答案"意识，考试试题包括老师提问都是"死"题目，老师提供标准答案，学生的答案稍有偏颇就打"×"号，学生不敢有"另类"想法，长期以来，他们的思维方式、观念、看法都很相似了，形成了思维定势，随着教育改革的步步推进，这种现象有明显的转变，新课程改革就加强了学生善思、能说、会写等方面的锻炼，注意培养学生的发散思维、想象力和创造力，很多问题并不是只有一个答案，有的答案是学生对此产生联想或其他方式得来的。并不正确，我们不能为此而一票否绝。因此，我们应换一种眼光看待孩子的"非标准"答案，找出"非标准"答案中的闪光点，适当地给予肯定和表扬。

我在出黑板报时，旁边围着许多学生。我边写边问："考考你们，雷电同时产生，我们为什么先看见闪电后听到雷声？""因为人的眼睛长在前面，耳朵长在后面。"鲍俭未等我问完抢先答道。我一听怔住了，很惊讶。差点从板凳上掉下来，这种答案让人耳目一新。我们班的"小诸葛"忙争辩道："不对！因为闪电比雷声传得快，所以先看见闪电过一会儿才听见雷声。"这时鲍俭一脸茫然。我忍不住边笑边打围："不不，鲍俭反应得真快，她的回答很特别，有她的道理。"是啊，她想对呀？雷电从对面传来，就应该眼睛先感觉到，耳朵后感受到，因为眼睛长在耳朵的前面嘛！当然，有道理归她有道理，不符合物理常识是肯定的（三年级他们还不懂什么叫物理呢），于是我就略讲了光速比声速快的自然知识。鲍俭听了边思索边点点头，我拍拍她的肩膀说："不过，老师十分欣赏你的思考方式，你很特别。"

学生对自然知识的不了解，导致回答具有很强的直观性，这怪不得孩子，老师更正一下即可。

　　我在教学《攀登世界第一高峰》这篇课文中，当讲到"……眼下空气十分稀薄，随身携带的氧气也越来越少……"时，我发问："这时队员们该怎么办？"一生突然站起来反问我："老师，他们上山时应带个气筒，气不够用，往氧气瓶里打点儿不就行了吗？"这样的反问让我哭笑不得。好了，我知道避开这个知识点往下讲课文学生也似懂非懂，干脆把这个问题讲清楚吧。"你知道吗？登山运动员背的氧气瓶里装的是压缩出来的液态氧气，而不是气筒打出的空气，就算能打，山顶的空气十分稀薄，哪来那么多足够的空气打进去呢？"学生恍然大悟：原来他们背的是特制的氧气瓶啊！学生爱动脑筋，用已有的知识去解决问题，这是很难得的。虽然他们的回答是幼稚的、错误的，我们也不能直截了当地说："荒唐！"，"错！"，应该耐心地讲明道理，让他们自己知道错在哪儿。这时一生说："我知道，既然他们没有别的办法了，只有咬紧牙关，争取时间，奋力攀登，到达珠穆朗玛峰峰顶，取得胜利。"我向他投去赞赏的目光。

　　我在教学中总是鼓励学生大胆地想象，大胆地说，说出不同的看法，说错了，绝对没关系。如果学生千篇一律，没有创新意识，那教学就太乏味了。孩子们的想法天真、坦率，用他们各自的眼光去观察世界，猜测世界，因此得出的答案也各不相同。我们不能因与"标准"答案不符便全盘否定，那么就挫伤孩子的积极性和自信心。只要他们说的有道理，我们就应该给予一定的赞赏和鼓励，也就是换一种眼光看待学生的"非标准"答案。

不要迷信教科书

记得上小学的时候，一篇名为《长城》的课文中有这样一段话："飞往月球的宇航员所拍摄的地球照片上，能清楚地看到我国的长城。"

可事实告诉我们：这不是真的。

早在 2001 年之前，"太空看长城"的荒谬已经一再被科学家和国外宇航员所证实。

第一批登月的两名宇航员之一的奥尔林德在接受香港媒体采访时，就曾强调太空可看长城的说法是误解，是"由于人们对事实不了解所造成的"。

神六发射成功后，我国首位进入太空的航天员杨利伟又再次明确否定了"太空看长城"这一说法。

为什么不能告诉学生们真相呢？难道课本上的错，错也不是错？

这，不能不说是我们教育的误区。

我们来看一个与此相反的故事。

美国波士顿州立小学。

上课了，孩子们欢快地跑进教室，因为这节课是他们最喜爱的老师爱利普·杰克逊女士的语言课。

爱利普老师一脸灿烂："我亲爱的孩子们，今天我要告诉大家的是灰姑娘的故事。我相信，很多人早就知道这个美丽的童话了，有谁愿意上来替我把它讲出来呢？"

一个金发碧眼的小男孩跑上讲台："从前，在一个镇上有一个漂亮的小女孩，名叫辛黛瑞拉……辛黛瑞拉在舞会上玩得开心极了，突然她发现时间快到 12 点了，她想起老太太的吩咐：午夜 12 点之前一定要赶回来，因为到那时所有的东西都要变回原状。于是，她急匆匆离开舞会，匆忙之中在台阶上绊了一脚，一只水晶鞋掉了，她也顾不上去捡。第二天，王子拿着这只水晶鞋，挨家挨户请姑娘们试穿，并宣布谁能穿

上这只水晶鞋谁就是未来的王后……"

故事讲完了。爱利普老师眨了眨眼睛，笑道："谢谢你，吉姆，你讲得真棒！孩子们，看来你们对这个故事非常熟悉，那么，我也就不多费嘴舌了。下面，请你们来回答几个问题。你们喜欢谁？为什么？"

孩子们立即跳着高儿地抢着给了爱利普老师一个他们认为正确的答案。

之后，爱利普老师话题一转："那么，孩子们，你们有没有发现这个故事有不合理的地方，它在哪儿？"

学生们惊奇地看着老师。

爱利普微笑着："孩子们，这个故事真的完美无缺吗？"

过了好一会儿，一个名叫艾丽丝的学生才迟迟疑疑地站了起来："午夜12点以后所有的东西都要变回原样，可是，辛黛瑞拉的水晶鞋没有变回去。"

爱利普老师十分惊喜："噢，天哪，艾丽丝，你太棒了！孩子们，你们看看，就是伟大的作家也有出错的时候！所以，出错不是什么可怕的事情。我担保，如果你们当中谁将来要当作家，一定比安徒生更棒！你们相信吗？"

于是，孩子们欢呼雀跃。

两番对比，两种情境，大洋彼岸的同行给了我们不少启发。

这世界上没有任何东西是神圣不可侵犯的，除了求真、求实的精神！

或许是传统教育使然，我们对课本知识的推崇一直是重中之重。我们传统的课堂教学也一直是跟着"教参"走，教学辅导书上怎么说，老师备课时就怎么备，讲课时就怎么讲。这样做是否有不合理的地方，却很少有人注意。

至于课本中可能出现的错误，更是鲜为人知，除非哪一天被某一位有心人意外发现。

这就是我们传统的教学思维，一切唯课本是从，除此之外都是不合情、不合理的。

我们必须打破这种传统思维方式！

当然，我们并不是要偏离"教"的主题，专门去寻找课本中的错

误，而是说在课堂上你应该给学生灌输这样一种思想：学习课本但不盲从课本。

就像那个长期流传的错误："在月球上可以看到长城"，既然已经被事实证明是错误的，那么我们的老师就应该采取对策，不能让这种谬误再传下去。

因此，当你在讲解该课文时，应该向学生特别指出其中的错误。如果条件允许的话，还可以专门把天文专家请到课堂上来，让学生们在学到写作知识的同时，也提高科学认识。

要知道，谬误终究是谬误，无论它出现在哪里，该改正的一定要改正，无论它流传了多久。

那么，怎样才能走出盲从的误区呢？

（1）一切事实以科学为依据。

人非圣贤，孰能无错。我们不能苛求课本上的一切东西都十全十美，没有纰漏，但我们应该遵循最基本的原则：实事求是。

（2）不唯名人是从。

名家名作，一旦进入教材领域，它的身份就变了，它就从一般的著作意义转化为教材意义了，它就应当为教学服务了。

因此，如果在备课过程中，经过多方验证，发现了某处失误，在课堂上就应该实事求是地向学生们指明这一点。

当然，我们的目的并不是要否认名家自身，而是为了引导学生正视一个道理：人不可能不犯错误，关键在于如何避免犯类似的错误。

（3）课前做好准备工作。

要想在课堂上演绎得丰富多彩，将课本中的"真空"地带展现在学生面前，就要看你课前对课本的认识程度如何。

可以这样说，教师自身的认识水平能达到怎样的高度，才能引领学生的思想登上怎样的高度。

如果你的思维仅限于最一般的层次，那么学生的思维也就很难突破这个层次，如此一来，真空也就永远是真空了。

跳出课堂看课堂

课堂重要吗？这是肯定的。对于教师而言，课堂的重要性，犹如人的脸。不能有丝毫污点。正因为课堂有着如此重要的地位，所以课堂教学质量的好坏，成为教师能否生存的决定性力量。正因为课堂如此重要，所以教师死守课堂，学校紧盯课堂。

课堂，是学校的前线，寸土不可丢，寸步不可让。据说，在民间有一种判断教育专家真伪的方法，就是让教育专家到中小学上一堂课，以此检验他自己教育理论的正确性。这种方法本身的效果如何尚待考评，但多少反映出了学校与教师对课堂教学有多么的重视。

当大家把课堂放到如此崇高的地位时，或多或少有些令人吃惊了。虽然现在有人为了拥有更美丽的脸面，愿意在自己的脸上大动干戈、重整家园；有人为了在自己的脸面上留住青春，愿意破大费、受大苦。但在常人看来，脸面的好与坏，原本就不是自己可以选择的，也就是说是不可以由自己来承担这份责任，何必去受这份苦呢？再说，青春易逝，非得与自然规律对着干，不等于自己为难自己吗？正因为有了这样的想法，才提出与其在脸面上大做文章，还不如在内在品性上花更大的气力。由内而外的美，应该比由外而内的美，更为可靠与持久。不是常听"人是因为可爱才美丽，而不是因为美丽才可爱"吗？可爱是美容与手术换不来的，可爱应该是内在的美。

要让教师上好课，让教师守住自己的脸面，只是简单地强化教师的课堂教学技能技巧，这不等于让教师在脸面上大做文章吗？从美容的实际效果来看，这种只重脸面而不要内在品性的事情，是达不到目标的。相反，长此以往，反而会让人变得更加虚伪与虚荣：只要课堂上过得去，课堂背后的东西就不再重要了。可是，人能够只需要脸面吗？在今天的教育实践中，我们就课堂论课堂，这种研究课堂的模式，与人类只研究美容，而放弃内在品性的塑造，是何等的相似！

如果要提高教师课堂教学的质量，我们去听教师的课，并对他的课

堂教学提出具体的指导意见，教师就能够真正地改善与优化自己的课堂教学吗？

有一位教育专家曾经这样说过：

当我们去听一位教师的数学课，他上课最大的问题就是自身逻辑混乱，这既表现在一堂课的结构安排上，也表现在对于具体例题的讲解上。于是，我们善意地对他提出这个问题：以后上课要注意逻辑，只有逻辑清晰了学生才有可能听得懂。等到我们下次再去听他的课时，问题依旧！于是，我们就抱怨这位老师要么过于狂妄不接受意见，或者过于懒惰不纠正问题，或者过于愚笨听不懂我们的意见。其实，这位教师也特别自责，因为他在课堂上已经尽力了，就他个人的逻辑能力而言，虽然没有达到让学生与听课者期望的程度，但这却已经是他的最高水平了。慢慢地，我们对这位教师就丧失信心了，当我们对他丧失信心的时候，他对自己也就丧失信心了。可事实上，教师课堂上的逻辑混乱，这有可能是教师课堂教学态度的问题，也可能是临时决策错误的问题，但更有可能是教师个人逻辑水平高低的问题。要彻底解决个人逻辑能力的问题，远不只是为他提出问题就能解决的，而更需要这位教师在课外培养自己的逻辑能力。培养教师的逻辑能力，光在自己的课堂上是培养不出来的，这需要教师看哲学书籍，看逻辑学。也就是说，要真正地解决教师在课堂教学中的问题，更需要教师跳出课堂看课堂。

跳出课堂看课堂，不只是对上述的教师逻辑问题，对于课堂教学中的绝大多数问题，都需要如此解决。当我们发现教师上课结结巴巴时，这位教师很可能有两个问题：一是教师对教学内容不够熟悉，另一种可能是教师的口才不够好。教学内容不够熟悉，只是要求教师去看教材，去背教学参考书，肯定效果不佳，毕竟无根之木终难成林。这也就是我们常讲的"要给别人一杯水，自己要有一桶水"的道理。真要熟悉教学内容，还得看更多的课外书，毕竟教材上的内容，多是例文与例题，要触类旁通，就需要教师看更多的例文，了解更多的例题，只有这样，知识才能够得以归纳与总结，才可能借用教材中的例文与例题，还原一

个真实的知识结构给学生。如果是教师口才不好，这时对教师的批判越多，他的口才就更难提高。大家都知道，对他人的批判只会使其产生紧张感。所以，要提高教师口才，既要培养教师的自信心，这需要多表扬教师而不是多批判教师，还需要教师参加更多的课外活动，在课外时间多与人交流与沟通。不管是培养教师的自信心，还是多参加课外活动，都是课堂之外的功夫。

也许有人会问，教师要提高课堂教学质量，在课堂上就已经无计可施了吗？当然不是完全无计可施，但可施之计的确是非常有限。临时抱佛脚是需要的，但不能对这种行为寄予太多的希望。临阵磨枪，对战争来说的确可以形成士气，但对战争的胜败来说，此前的战争储备与准备还是起着关键性的作用。因此，对于在课堂教学上的这种临阵磨枪似的要求，固然是需要的，但切莫让它取代对课堂教学的前期准备。

如果真的把上课与打仗相比较，这多少让我们这些搞教育的人汗颜。"养兵千日，用兵一时"，可对于在教育实践中的教师来说，正好相反，我们是"用兵千日，养兵一时"呀。对于教师来说，教学工作大致可以分为三个部分：备课，上课与改作业。备课是最有利于教师教学能力提高的，也是为教师课堂教学这个脸面充实内在品性的最佳途径。改作业实为对上课的查漏补缺。但教师却要花那么多的时间去改作业，这足可以证明一件事，那就是教师在课堂教学上的任务并没有得以落实，课堂教学中的漏洞实在太多。与教师花更多的时间去改作业相反，教师应该转移更多的时间去备课，而不是无休止地把作业批改坚持下去。在现实生活中，教师在以上三个方面的工作中，花在改作业上的时间往往是最多的，花在备课上的时间，不说是最少，但实在与备课的重要程度不相称。这还只是把备课当作教师上课的一种延伸，如果把教师提高教学能力的过程，都看作是教师的备课，那教师欠备课的时间账，就实在是太多了。殊不知，教师在备课上多花一分钟，就可以节约每一位学生，包括当前以及以后的每一位学生的一分钟。而教师在改作业上多花一分钟，却只能节约一位学生的一分钟，如果效果明显也只不过能够节约这位学生几分钟，前者的教学效率远胜后者的教学效率！

结合教师生活实践来看，教师在"美容"方面花的时间和精力的

确比较少，教师在课堂这个脸面上，花的时间与精力的确太多；但教师在课堂生活的内在品性上，花的时间与精力又实在太少。既然美容手术并不能让一个人变得比以前更加可爱，当然也就无法让一个人变得更加的美了。与此相应，只是让教师在课堂中反思与整改，能够提高课堂教学质量的可能性也就不会大了。

跳出课堂看课堂，让我们离课堂远一点，再远一点，我们就能把课堂看得更加清楚与明白；跳出课堂看课堂，让我们消除对课堂已经充溢的感性，培育更多的理性，或许这样才能把课堂从感性的海洋中营救出来。

不要独霸一堂课

我们先来看下面的案例：

李老师是一位有十多年教学经验的历史教师，他讲的历史课学生还是比较喜欢听的，他在公开课上也能条理清晰、生动形象地讲述历史事件或人物。新课程推进以后，初一历史有一节探究讨论课《商鞅变法的失败与成功》，学生的讨论刚刚开始，就被他打断了，然后，他从商鞅变法的原因、目的，讲到变法的艰难，最后讲到变法的成功与商鞅被处死，足足用了30分钟，还剩5分钟，他要求学生再讨论，可是学生们面面相觑，谁也不说话。作为一节探究讨论课，李老师失败了。当问及他："为什么教师要讲个不停？"他的理由是：

第一，讨论中出现了错误，特别是史实错误。与其学生接受错误的史实，不如我把正确的讲给他听。

第二，学生毕竟知识有限，让他们自己探究、自己讨论，没有历史知识作基础，简直就在瞎说，这样的讨论对历史学习效果不会很好，反而会造成不必要的错误，还得靠教师来纠正，不如开始就给他们正确的知识。

李老师的两点理由很有代表性，此外，教师们还有另外一些看法，如："学生缺乏自学的能力，很多人连课本都看不懂，要是给他们看史料探究问题，他们怎么看得懂呢？""教学进度是按计划进行的，讨论很费时间，进度就会受影响""探究或讨论时，课本内容很难满足学生，必须开发课程资源，可是，这又是个系统工程，一个教师怎么能够完成呢？"……

实际上，"李老师们"的观点是走入了一个误区。他们由于权威和意志的过度膨胀，完全主宰了课堂的时间、空间和话语霸权，造成学生应有的话语权缺失。

　　事实上，在新课程改革中，教师与学生之间不是一种简单给予、被动接受的关系，而是一种平等、民主、自由、公正、宽容、鼓励和帮助的交往关系和"伙伴"关系，双方互相接纳、互相敞开、互相理解，学生通过与教师的相处而成长，教师通过与学生的"对话"而教育，从而达到共享知识、共享智慧、共享人生的价值和意义。这就要求教师要用新的理念，演活自己的角色，做学生平等的合作者，要彼此尊重、互相信赖、互相合作。

　　合作意味着人人参与，意味着平等的对话，意味着教师将由"居高临下的权威"转向"平等中的首席"，为此，尊重学生的人格，把话语权还给学生，把课堂变成与学生平等交往的场所。

　　首先，深入到学生中，建立起相互信赖的"我一你"关系。教师不仅要身体走下来，走近学生，更为关键的是心要走下来，贴近学生，才能把自己当做学习共同体中的一员，与学生一样有困惑，一同去探究，一起去收获。其次，教师要改变自身的话语方式，采用学生可以理解、可以接受的生活化语言，创设开放的、贴近学生生活的教学情境，激发学生求知的欲望与兴趣，同时为合作的展开提供操作的平台。

　　再次，在合作式教学过程中，师生都要以真实的、完整的人格亲临现场，以真诚的、开放的心态彼此相待。课堂中，当碰到自己不清楚的问题时，教师可以"真的糊涂"，真心地向学生请教，就是碰到自己清楚的地方，教师也可以"假装糊涂"，将解谜的过程推给学生，这样不但能极大地调动学生学习的积极性（学生往往把超越老师当做一种无限的光荣），同时也会赢得学生的尊敬，学生愿意把自己的困惑向老师倾诉，也愿意把自己的收获与老师分享。这一切唯有在教师放下尊贵的架子，坦然面对来自学生的挑战以及自身存在的不足时才会出现。

　　最后值得提出的是，学校乃是每一个学生在教师的帮助与同学的合作下，展开自主学习的场所，教师不应当在尊重学生的"自主性"与"主体性"的漂亮词藻下淡化教师的职责，而应该组织学生发现、寻找、搜集和利用学习资源，给学生提供合作交流的空间与时间，在共同学习、平等对话、互动交流中，一步步实现教学目标。真正体现学生力

所能及的，教师避之；学生力所难及的，教师助之；学生力所不及的，教师为之。

所以，必须还学生"话语权"，把学生看成一个完整的人，在教师的暗示、努力下，首先让学生知道"我"在学习中的权利，并促其萌发自我维权意识，教会学生自尊和尊重他人，让学生在拥有尊严的环境中愉快地学习。那么，学生在自由发言中错了，也不会有同伴的讥笑、嘲讽，因为学生也知道人的学习就是在不断地尝试错误和改正错误中前进的，表达"我"的所思所想和倾听别人的意见都是"我"的权利和义务。

要有教为学服务的意识

有这样两个案例：

案例一：

一位教师在数学课上讲授试商，教师问学生："500除以63，商几？"一位学生脱口而出："商7。"教师顿时不高兴了。为什么呢？教师认为，既然是试商，就应该体现出"试"的过程，不能一下子就说出正确答案。一位教师在黑板上展示了几排花，有红花、黄花、蓝花、粉花，然后问学生："哪种颜色的花多？"一个学生说："我知道。"教师立刻示意学生坐下，因为按照教师的计划，学生应该说不知道，然后沿着已经设计好的教学思路教学生统计分类。

案例二：

要上一堂公开课了，为了上好这堂课，老师事先在同年级的平行班中试教了几次，甚至有的教师在自己的班中先预演一遍，将生字、新词先让学生们都预习好，词典查好，课文先背诵好，上课要提的问题先让学生们知道答案，完全成了一个文艺节目的彩排。到了真正上课时，老师一提问题，大部分同学都举手，课堂气氛很活跃，老师还专门爱请一些平时成绩较好的同学回答问题，生怕一些学生的回答不正确而影响教学效果和节奏。整堂课都沿着教师预先设计的程序进行，看起来非常成功。这样的课，简直成了教师作秀的舞台，成了教师展示其教学技艺的平台，而学生的需要、思维、认知常常被忽视。学生的学几乎成了教师教的附属品和工具，显然体现着另一种思想：即学是为教服务的。

上述情景我们经常看见，每每走入校园，也经常能听到老师们反映，学生如果在课堂上亦步亦趋地跟着老师走，老师心里便觉得十分踏

实；反之，课堂气氛活跃，学生异想天开，畅所欲言，教师反而心里没底。这种习惯性的教，完全支配了学生的学习。学生没有选择的余地，全以教师事先设计好了的形式进行。课堂就是学生配合教师完成教学计划的处所。难怪有许多教师在公开课结束后要向学生说："谢谢同学们的配合。"从字面上看，这句话似乎体现了一种师生间的平等，教师对学生的尊重，实际上折射出的是一种教师权利神圣不可侵犯的观念。学生的学习完全受教师的支配和控制，整个课堂完全是教师控制的课堂。

教为学服务，学生是学习的主体，这些人人都懂的理念，其实并未真正落实到教师的课堂教学行为中。教然后知不足，正因为有学生的不足与不懂，才需要教师去教、去引导。而教师强制的教几乎让学生完全丧失了表达自我真实想法的机会，学生没有机会说，也不敢说。许多课堂上，教师习惯问同学们"听懂没有"，同学们会异口同声地说"听懂了"。但真的都听懂了吗？还是有许多学生不懂，但是学生不敢说不懂。教师按部就班地教学也没有机会让学生说"老师我不懂"，"老师您能不能再说一遍"、"老师我可以再考虑一下吗"等等。

在教学公开课上，到底是学生配合老师，还是老师配合学生呢？可能我们过多地关注了教师在课堂上自身风采的展示，而忽略了公开课也是学生学习生涯中的一堂课，是他们个性的展示。在公开课上，学生本身应该获得发展，得到锻炼，个性得到张扬，而不仅仅是为了帮助教师达成某种目的而配合教师、其他同学学习的。我们经常在每一堂公开课前精心设计教学过程，优化每一个教学环节，考虑如何使课堂变得有声有色，精彩纷呈，考虑如何展示教师个人的魅力等，以至于在课堂中，学生的学习被搁置一边，学生的困惑被掩盖，学生的思考失去空间。学生所学还没有得到巩固，教师便急于进入下一环节的教学。这样的课堂更多的是教师如何设想、如何调控、如何操作，而缺少的是学生如何学、学生是否明白、学生是否学得快乐。其实，一堂看似非常成功的公开课并不一定成功，因为它可能掩饰了一个巨大的缺憾：学生没有真实地学。而一堂看似并非成功的公开课却恰恰让学生学得非常快乐、自信和自然。如果教师帮助了一个从来不敢在课堂上发言的孩子树立了信心，如果教师让一个一直读课文结巴的孩子通顺地读完一段话，如果教师让孩子们体验到了学习的乐趣、体会到了成功的喜悦，哪怕不顺利那

必定也是一堂有价值的好课。

"教学"是教师工作的重中之重，从这个概念去分析，教学总是以教为主体，教师习惯从如何分析教材、利用教材，如何传递给学生的角度去考虑，着实体现了一种教师本位、教材本位、教法本位的特点。它以追求教师的"主动效应"、教材的"固有效应"为目标，因此教材便成了权威，教师便成了永远的智者，教法便成了不变的法则，而学生则成了教师的"模特儿"、成了教材的追随者、教法的实验品。这种情形的存在是基于信息闭塞，文明进展缓慢、观念陈旧的前提下的，而如今新教材层出不穷，干预事物的能力激增，教学手段伴随科学技术发生巨大变化的时代，教学过程显然充满了"百舸争流"的角逐。教师要从教学本位逐渐向以学治教转变。教学和学教绝不是简单的位置对换，而是建立一种以学生发展为本，为学生学习服务的思想观念，从而使教师成为以促进学生发展为恒久动力的"师生共振"的"联合体"中出色的一员。

"学教"首先要坚定教育就是服务，教就是为学服务的信念，将学生放置在主体地位，一切从学生的角度出发研究教学内容、教学方法、教学手段，而不是反过来用"死的教条"去束缚学生"活的灵性"。我们没有选择学生的权利，我们没有权利总是让学生适应老师。教师在备课时就要备人。

教师职业决定了"学教"是伴随教书生涯的有效产品。书可以教一辈子，一个剧本也可以从头唱到老，但你终将以牺牲学生的健康发展、人生幸福为代价，这既是一种不负责任的表现，更是一种教师职业人格的丧失。教师应将教学的功能定位于"为学生的发展服务"，满足学生发展需要的知识、技能、方法和应用能力，根据学生不同的成长经历、兴趣爱好、能力性格、认知水平等提供给学生不同的教育服务。教师应从学生发展需要的角度出发去研究、开发、选择课程内容，最大限度地满足学生发展的需要，与此同时，关注每个学生的学习特点，利用学习心理原理进行学习能力、学习习惯和学习兴趣倾向等测量，提出有效的学习矫治策略。

把主动权还给学生

有的教师喜欢一个人在课堂上喋喋不休说个不停，可有的教师在新课程理念的影响下，却又走向了另一个极端。

他们把"少讲"或"不讲"作为平时教学的一个原则，若是碰到评优课、示范课、比赛课，教师更注意做到少讲或不讲，而是想方设法让学生展示，多让学生讲，多让学生活动，还美其名曰"把主动权还给学生""让学生做课堂的主人""让学生去探究"。这种做法真的是把课堂还给学生了吗？真正体现学生的主体地位了吗？其实不然。之所以出现这样的问题，最关键的是许多教师把讲授法等同于"满堂灌""填鸭式"，该讲的没讲，该挖掘的没挖掘，缺少了知识含量，缺少了厚重深度。对于一些关键性的问题、概念，教师不仅要讲，还要讲深、讲透，绝不能"金口"不开。而需要学生自己去感悟或操作理解的问题，大可放手让学生去尝试。

那么，哪些该少讲、哪些该精讲、哪些该不讲呢？

教师应当认真研究教学的内容：哪些是核心与关键，哪里是精髓与"文眼"，哪里是能力的"生长点"和思维的发散点，何处更能落实方法与价值的目标，哪些学生已经了然，哪里是学生的盲区，哪些适合以文本研读为主，哪些必须付诸实践，哪些需切中肯地点拨，哪些可以放手让学生自己在"做中学"，哪些用普适性提示，哪些该分层次指导……总之，凡是能由学生自学与合作解决的，就引导学生自主合作去解决；凡是课堂中难于了"断"、难以容纳的内容，就指导学生去寻觅信息资源，在探究中获取；凡是可用实践操作或通过活动完成的，就组织学生在参与中完成；凡是产生了新问题或新看法的，就通过对话与交流达成共识。

先来看看下面这个案例：

师：听老师来举个例子好吗？小明像大象一样灵活地爬上了大树。

（生捂着肚子哈哈大笑，纷纷举手）

生：老师，这个句子造得不对，大象那么笨重，怎么能灵活地爬树呢？

生：应该改成：小明像猴子一样灵活地爬上了大树。

师（赞赏地）：说得真好。请看投影。（师在"相似的事物"几个字下点）同学们，造比喻句的目的是使得描写更生动、具体、明白，要用恰当的事物来比喻，否则会让别人笑掉大牙。（生笑了）

师：好！下面老师出个题考考你们，看看谁最会动脑筋。

（生顿时来了精神）

师：请同学们听两个句子，判断哪一句是比喻句。"张红无精打采的，好像生病了。""老师是辛勤的园丁。"

生：我认为第一句是比喻句。（有学生附和）

生：不对，第二句是比喻句。

生：我认为两个句子都不是比喻句。

（生议论纷纷）

生：第一句有比喻词，老师说过比喻词就像比喻句的眼睛。

生：比喻句是把一个事物比成另一个事物，第一个句子只有"张红"，肯定不对！

生：第二个句子有"老师"和"园丁"两个事物，尽管没有"好像"，我认为第二个句子是比喻句。

（生争得面红耳赤）

师：大家的发言很精彩，可以说都是围绕比喻句的特点来讨论的，之所以有争论，是由于对一些概念性的问题还没了解。请看投影。"比喻是把一个事物用相似的事物来打比方"，这句话说明，比喻句的条件是……

生（恍然大悟）：比喻句要有两个事物。

师（竖起大拇指）：对了！（板书：要有两个事物）

师：老师告诉大家，比喻句分为好几种，有明喻、暗喻、借喻。大家低年级学的比喻句大都带"好像""像""好似"等，就像比喻句的眼睛一样，这样的叫"明喻"。随着年级的增高，大家还会接触到不带"眼睛"的比喻句，这样的叫"暗喻"，至于"借喻"，要等到上中学才

会接触到。

师（强调）：判断一个句子是不是比喻句，句中应该有……

（指板书）

生（齐读）：要有两个事物。

师：说得好！请听老师再举两个例子吧！小明长得像他爸爸。这只鸡像那只鸡。

（学生思考，有的小声议论。学生大多数认为不是比喻句，但不知原因是什么）

师：再听我举例：这支笔像那支笔。这幅画像那幅画。这条狗像那条狗……

生（举手）：我知道了，这样的句子不是比喻句，句中的两个事物是一样的。

师：一样的？还能说得再准确些吗？

生：句中的两个事物不能是同一类的。

师（点头）：对，这也是学习比喻句要注意的问题。（板书：不是同类事物）

师：下面我们来判断一组句子是不是比喻句？好吗？

上例中，教师抓住了写比喻句的三个要点，即比喻要恰当，句中要有两个事物且不能是同类事物，围绕要点通过举例子，让学生展开讨论，教师讲授时以简驭繁，择其精要，语言精当、干净利落，能看出教师在讲解设计上紧紧抓住了教学的重点、难点，在精讲上下了工夫。并且在讲的过程中引导学生去体验，展开讨论、争论，通过讲引导学生主动地获取知识。

讲授是建立在具有独立人格主体基础上的师生双方角色多元互动活动，师生双方以教学内容为媒介进行信息互换，完成教学任务。师生双方在教学活动中都是独立的主体，具有主动积极性，而要充分发挥师生双方的潜能，顺利完成信息互换任务，在运用讲授技能时要注意处理好以下几个关系：

1. 讲与学的关系

讲授中讲与学的关系其实就是教师"授"与学生"受"的关系。

教师的讲授是作为"中介语言"增进学生认知水平的重要技术手段，它在解析知识内容，建立学生经验知识与新知识间的联系等方面不可或缺地成为学生学习的依据和范例，因此，教师要在对教材的深入钻研、深化领悟下引导学生阅读教材、理解教材，充分发挥教师的主导作用。另外，学生在学习（阅读、思考、领悟教材）的过程中，必然会不断发现和提出教师尚未思考到的疑难问题（即反馈），要求教师解答。这对教师的讲授提出了更高的要求，促使教师对教材、教法进行更深层次的探讨。总之，一方面，教师的"讲"是为了学生更好地"学"，没有教师的"讲"，学生只能在黑暗中摸索，难以前进；另一方面，学生的"学"又会反过来促进教师的"讲"，没有学生的"学"，教师的"讲"就失去了教学对象，只能是自说白话。讲和学是对立统一的。

2. 讲与练的关系

在课堂教学中，讲与练应该说是一对矛盾统一体，两者具有不同的教学功能，在选择讲还是练时应以教学内容为依据。一般来说，"讲"较适用于言语信息、认知策略等知识内容，"练"较适用于智慧技能、动作技能等技能型实践内容。从形式上看，"讲"多体现为一种"静"的教学情境，"练"多体现为"动"的教学情境，但"动""静"形式并不能反映学习的真正水平，孰优孰劣应以学生真正掌握知识的数量与质量为判断标准。在讲与练的关系中，讲具有先导性。通常情况下，在对一个知识点进行教学时，顺序一般是先讲后练，讲对于学生的练在认知心理、知识结构等方面具有预设、预备、适应等前期准备、事先调整的先导作用。同时，练并不是被动反应，练对讲具有巩固、提高、内化的作用。重视讲与练的关系，意味着在实际教学中必须重视"有准备的练习"和"练的可行性"。

3. 多与少的关系

在教学中，学生已懂得的，还在反复地讲；学生已学会了的，还在不厌其烦地谈；可说可不说的话，还在津津有味地说；可有可无的教学环节，还在郑重其事地进行。多则多矣，多得令人生厌。教学时，仅从教学参考书和课前提示中抓出几点稍作点拨，把内容简单化，少吗？少得令人寒碜。有的教师讲课，旁征博引，纵横捭阖，曲径通幽，别开洞天，极尽浓墨重彩之能事，多则多矣，多得学生听了津津有味，欲罢不

能，造成了良好的教学氛围和情感气氛。好！有的教师讲课厚积薄发，要言不烦，往往寥寥数语，抓住要点，一语破的，发人深省，极尽精练之能事，少则少矣，少得有画龙点睛之妙，无繁冗浮泛之虞。妙！看来，多与少并不绝对，关键是讲授时要充分考虑教材特点、学生的学习心理和现有知识水平，学生通过自己的阅读、思考能理解的内容，就可以少讲、不讲，对于教材的重点、难点就应多讲，讲深入，讲透彻。

4. 有声与无声的关系

运用得好的讲授是一种艺术，犹如白居易笔下琵琶女弹奏的《琵琶曲》：当人们沉浸在激越昂扬悲痛欲绝无处不在的高音时，忽然转为"凝绝不通声暂歇"的无声之中，撩起人们的无限遐思，唤起听众无尽的想象，获得无穷的艺术魅力。讲授中"有声"与"无声"就是一种虚实相间的艺术，让人们在充实后沉静思索，激起想象的翅膀，孕育感悟的星光，为新的高潮酝酿、蓄势、推波助澜。那么，如何处理"有声"与"无声"的关系呢？其关键就是要让"有声"与"无声"合理搭配，即不是教师满满一堂灌输，说者说得上气不接下气，听者听得透不过气来；也不是讲一句停半天，一句话弄得支离破碎，不成章法。另外，"无声"的时间应适度，过短起不到应有的作用，过长则造成难堪的冷寂，降低讲授效率。所以优秀教师的讲授，常常只要求言明而不言"尽"，不会让自己的语言始终充满课堂，言"明"，使学生们得到启发，产生自己的理解，不言"尽"，为学生创造性的理解留下空间。

总之，不能以"把主动权还给学生"为幌子，"金口"不开。

集体备课

集体备课是教师教学的关键一环。集体备课的目的是在充分酝酿日趋完善的集体智慧的基础上，能动地发挥教师个人潜能，在二次备课中显现教师个人的教学魅力。

但目前，有许多教师却走入了集体备课的误区，在集体备课中失去了自我。

先看下面两个案例。

案例一：

据网上报道：一所学校对外公开上五节课，五位教师上的都是《事物的正确答案不止一个》，听课教师听到的五节课都是一个样：一样的导入一样的话，一样的讨论一样的题，一样的过程一样的调。他们不觉有点纳闷儿：为什么五节课如出一辙呢？后来才知道，这五位老师事前集体备课了。

案例二：

某校组织一次校内教研活动。数学组推荐小王老师先开课，内容是"长方形的周长"。为使教研活动真正取得实效，根据教导处要求，每个教研组先组织集体备课，为上课的教师在教材的处理、教学的设计上出谋划策，理出课例。

于是，教研组长应老师召集大家参与活动，每人先粗略地看一下教学内容，稍作思考，交流开始了。

小王老师先发言："我是新老师，教学经验缺乏，需要各位多多帮助，多提宝贵建议。"

接着应老师发表了自己的见解，她认为："让学生掌握长方形的周长固然重要，但让学生充分地感受周长概念也不容忽视。在这里，教师

应该创造机会，提供学具，让学生在动手实践中，描一描、画一画、比一比、说一说，建立'周长'概念。"

有十几年教学经验的包老师也打开了话匣子："凭我多年的教学经验，对于长方形的周长教学，单单为了让学生掌握长方形的周长公式也不是目的，主要是让学生在探究、合作中经历并领悟出公式才是关键。"

陈老师也就教材的处理方面谈了自己的观点，认为："让学生动手操作应贯穿始终，经历知识的形成过程是重中之重，教师应为学生的动手实践创造机会（提供学具）。同时，教学过程中应关注学生'三维目标'的落实。"

有的教师为小王老师在每一步骤的细节安排上也想了很多办法。

经过大家的讨论和建议，很快拟出一份课案。但在公开课上，小王老师连自己也不敢相信，这么一份完美的课案，却教得艰难，学生学得也无味，教学效果就可想而知了。

课后反思，大家一片沉默，谁的心里也清楚：为何经过集体讨论，认为是一份"完美"的课案，到课堂上却这样经不住考验呢？问题到底出在哪里呢？

看罢案例一，我们不禁要问：难道集体备课就应该让教学过程"如出一辙"吗？像案例中的五位教师这样发挥集体备课的"作用"，是否能顾及本班学生的实际？是否能展现自己的教学风格与个性呢？这样久而久之，不仅不能提高自己的教育教学水平，而且会步入另一种教学极端——思维抄袭，最终失去自我。

案例二中，小王老师的课之所以显得呆板、僵化，一个不容忽视的事实恰恰是每位老师太"负责"造成的，甚至连课堂上的每一个细节，大伙都为他设计得"天衣无缝"，使他缺乏自主、丧失个性、盲目执行，最终导致失败。

集体备课是通过集体思维的碰撞激发教师的教学灵感，通过信息交流拓宽教师的知识视野，帮助教师加深对教材的理解，不是对教师备课越俎代庖。集体备课尽管发挥了集体智慧，但也不能说拟出的课案就完美无缺，因为它无法顾及到真实课堂上的意外事件。再说，同样的课

案，不同的教师有不同的个性和风格，不同的学生有不同的习惯和方法，不同的班级也有各自不同的情况，效果也会截然不同。

集体备课应弄清和解决以下几个方面的问题：

1. 谁是集体备课的主角

毫无疑问是执教的老师，其余的人都是参谋。集体备课的根本出发点是成员之间相互学习的过程。作为主角应在讨论前对自己执教的内容进行"深思熟虑"，心中有一套比较成熟的方案以及自己在备课过程中遇到的困惑，而不是把一切希望寄托在别人身上，应该把真正的问题抛出来。"参谋"不是把自己的观点强加于别人，而主角也要参与争议，不是全盘接收。作为执教的老师，要明确自己的主角地位，要善于从他人的言谈中获取有效信息，并将这些信息内化到自己的知识结构中，而不是将别人的观点直接呈现给学生。内化并非一味地接受，必须经过自己深思熟虑，形成自己的一种见解或观点，找准"生成"的切入点，进行有效驾驭。

2. 立足于教师的需要

学起于思，思源于疑。第一是教师解疑的需要。当教师在备课过程中产生困惑时，就会产生一种"集思广益"的心理需求。第二是共享的需要。教师们在平时的教学过程中遇到疑难问题，而又无处求教时，往往希望在与他人的交流中得到解决。

3. 对教材相关知识的准确理解

其一是所教学的内容，教师们是否已把握，有没有理解错误，如果有，应通过集体备课加以解决；其二是与教学内容相关的其他知识，甚至其他学科知识，教师们是否清楚，是否理解这些知识的内涵和相互关系，如果不清楚、不理解，可以通过集体备课弥补，必要时，还可请其他学科教师到场讲解或个别请教。

4. 对所教学生的认识

集体备课时，教师们应对学生情况进行认真分析。其一，从生理和心理方面去研究学生对教学内容的可接受程度，多角度、多方面去想学生可能之所想，疑学生可能之所疑，共同解决教学中可能遇到的各种困惑；其二，站在学生的角度去设计学生的课堂活动，分析学生在自主学习、提问、训练过程中可能出现的各种情况，研讨如何根据课堂上学生

的不同学习情况（如学习状态、偶发事件、纪律、学生提出教师预先没想到的问题等等），及时调整课堂教学策略。

5. 集体备课并不需要形成统一的教学模式

教学过程是师生的生命历程，而生命活动的过程是丰富多彩的。教学作为一项人与人交流知识、情感、方法、价值观的活动，有着十分复杂的情况。一个好的设想、一个教学资源，并不是每个人照搬就能产生同样的效果。集体备课不排斥教师个人的创造性劳动，不扼制教师的教学个性。因此，那种要求集体备课必须统一重点和难点、统一教学过程、统一教学方法、甚至统一作业、统一教具（如多媒体）等的所谓"五个统一"或"六个统一"的做法，实际上是幼稚可笑的，它机械地强调绝对统一，误解了集体备课的本意，使教案变成了千篇一律的"模子"，甚至变成了束缚教师的桎梏。

总之，集体备课是要整合教学资源，开发教师教学潜能，使之取长补短，提高教学效率，深入推动课程改革，而不是扼杀教师个性特色，追求整齐划一的机械模式。恰恰相反，教师只有在集体备课之后进行更深刻更全面的反思（思考、探讨、总结），循环往复，提高深化，在共性中凸显出自己的教学个性（优良的个性特征），才能真正使课堂教学充满活力，才能提高课堂教学效率。

自主学习

新课程要求"教师应尊重学生的人格，关注个体差异，满足不同学生的学习需要"，倡导"自主、合作、探究"的学习方式。自主学习作为教学过程中实现学生学习方式转变的重要一环，很快在课堂教学中得到推广，这无疑是构建新型课堂迈出的坚实的一步。但有人认为："自主学习就是学生自己学习，他们要怎么样就怎么样。"于是教师如释重负，或立于讲台自顾自看教材，间或扫视一下正在自主学习的学生；或走下讲台若无其事地在教室中转一圈，随后宣布自主学习结束，教学进入下一个环节；甚或有的教师学习任务一布置调头就出了教室干自己的私活去了。这种毫无成效的"放羊"式的"自主学习"显然与新课程标准精神相悖。

新课程给教师角色的定位是：教师由管理者变为组织者，由传授者变为参与者，由控制者变为帮助者，由主导者变为引导者。但这并不是说忽视教师的作用，新课程中明确提出"教师是改革成功的关键"，足以表明教师的重要地位和肩负的重担。所以，我们应当认识到：放手让学生自主学习并不等于放任自流，在学生自主学习的过程中，教师既不能是替代者也不能是旁观者或局外人。在整个教学过程中，在教学的每一个具体环节，教师都是学生学习的促进者，要始终以参与者、支持者、引导者的身份出现。换言之，在自主学习中，不管教学进行到哪一步，教师都应为学生素质的提高、能力的发展全面服务，课堂应是师生交流沟通的桥梁和纽带。

请看下面这个案例：

《果敢的判断》第二段教学片段

师：当时的哪些情况使小泽征尔不得不考虑再三？

（个人学习——小组交流——全班汇报）

生："在场的作曲家和评委们都郑重声明乐谱没有问题。"这句话

中看出是评委们郑重、严肃的态度使小泽征尔不得不考虑再三。

生1：是评委的身份使小泽征尔不得不考虑再三。

生2：是评委的语言"乐谱没有问题"使小泽征尔不得不考虑再三。

生3：从"这是世界一流的指挥家，指挥着世界一流的乐队演奏着具有国际水准的乐曲"这句话中体会出这是一场高水平的比赛，用的乐谱怎么会出错呢？这也使小泽征尔不得不考虑再三。

师：还有什么原因使小泽征尔不得不考虑再三？

（生沉默）

至此，当老师再次追问这个问题时，全班同学都沉默起来，没有一个同学举手发言。"不和谐"一词既是本课的一个难点，又是揭示中心的关键词，学生确实不容易理解到其更深一层的含义，这时就应发挥教师的主导作用，在关键的地方，在学生理解不到的地方体现教师的引导，使学生理解得更深入、更通透。于是教师及时出示了对比句。

师：（出示对比句）

（1）演奏中，小泽征尔突然发现乐曲中出现了不和谐的地方。

（2）演奏中，小泽征尔突然发现乐曲中出现了不正确的地方。

通过对比读，忽然，有一两个学生恍然大悟。

生1："不和谐"是指有一点不合适，只是几个音符与总的乐章有些不太协调的地方，这种不协调是微小的。是不易察觉的，而"不正确"则是比较明显的错误。

师：你体会得真精彩！受到他的启发还有谁再谈谈自己的感受？

生2："不和谐"一词让我觉得这个错误是不易察觉的，是不明显的，所以小泽征尔不得不考虑再三。而"不正确"是很明显的问题，小泽征尔就很容易判断了。

在老师的鼓励下，学生互相启发、互相补充，加深了对课文内涵的理解，学生有恍然大悟之感。最后，教师总结升华。

师：你们体会得真好！就是这几个一闪而过的、不易察觉的音符，在小泽征尔听来也只不过是不自然而已，这就给小泽征尔的判断带来了困难，使他不得不考虑再三。

在本课教学的这个环节上，充分体现了自主学习中教师的引导者地位。在学生充分自主学习的基础上，教师发现学生对"不和谐"一词没有理解到位，于是适时地抛砖引玉，出示了一组对比句：（1）演奏中小泽征尔突然发现乐曲中出现了不和谐的地方。（2）演奏中小泽征尔突然发现乐曲中出现了不正确的地方。在对比读的基础上，有个别学生恍然大悟，理解到"不和谐"仅仅指几个音符与总的乐章有些不太协调，这点问题是极其微小的，是不易察觉的，没有扎实音乐功底的人是根本无法分辨的。而"错误"一词的使用，表示较为明显的错误，就不能体现小泽征尔的才能与自信。这组对比句的及时抛出，犹如"一语惊醒梦中人"，恰到好处地把文章难点突破了。而这又是由老师引导，学生自读自悟出来的，学生欣喜之情溢于言表。这就是教师的主导作用，其目的在于学生有困难时，教师能画龙点睛，促成学生的顿悟，引导学生学习的深入。

那么，学生自主学习中究竟还要教师干什么？

1. 为学生自主学习创设民主、和谐、自由、安全的教学环境

首先，流畅、和谐、默契、尊重、信任的学习环境是新课程理念下的课堂教学的"共性"。教师应该给学生创设一个宽松、自由发展的心理环境。在那里，学生不再是知识的接受者，教师也不再是一个高高在上的知识传授者，学生和教师是一种新型的伙伴关系，相互理解、鼓励、宽容。只有这样，学生才会无拘无束、思维更加活跃、探索热情更加高涨、课堂就会更加生气勃勃。其次，教师要打破常规，注重自主学习实质。在学生进行自主学习时，要使学生拥有充足、宽裕的钻研、探索、发现的时间和空间，让各种不同程度学生的智慧都得到尽情发挥。再次，自主并不排斥合作，自主学习更需要合作的介入，教师要努力营造热情的帮助环境。一个人的能力总是有限的，碰到凭一人之力解决不了的问题，与其一个人在黑暗中摸索不如发挥群体的力量。最后，教师要构造一个真诚的激励环境。适时适当的激励，可以收到事半功倍的效果。教学中教师应掌握并运用好这个课堂杠杆，营造一种可以充分发挥学习个性、自主探究的学习氛围。

2. 观察、引导和支持学生的自主学习过程

学生在学习中有着真实的自我表现，教师要有强烈的观察意向和科

学的观察态度，要以一种开放的心态，解读学生的行为，理解学生的行为。教师要深入到学生的自主学习中去，了解学习任务的完成情况，分析他们的解法，及时发现他们的失误，以便提供必要的提示或矫正，并能及时回答学生提出的问题。对个别学生有独到见解或出现创新性思维火花时，教师要及时给予鼓励和支持。在整个过程中，教师采取的都应是一种友好的、建设性的态度和行为，既不能过多地干预学生思考的过程和结果，又不能对学生的困难和疑问袖手旁观。当问题难度大，学生一筹莫展陷入僵局时，教师要给予点拨诱导，促其茅塞顿开、灵感突现；当学生学习浅尝辄止未能深入或出现明显破绽时，教师要给予提示、纠正。

3. 提升、升华学生的学习经验

学习经验是学生进行自主学习的基石，是自主学习过程的直接结果，是学生不断成长和进步的重要因素。因此，教师要指导学生共同完成对新知识和新方法的总结、提炼与运用，以上升为学生的学习经验。教师需要倾听学生的汇报，回答学生提出的问题，概括和提炼学生已发现的结论，提供学生运用新知识的情境，及时给出促进学生发展的评价意见等等。总之，学习经验的提升和积累是提高自主学习能力的重要途径，教师应在其中充当扶持、帮助的角色。

总之，自主学习是在新课程理念下学生的一种重要的学习方式。教师必须积极营造适合学生进行自主学习的环境，时刻把握以学生发展为本这根主线，引导、深化、促成学生的自主学习经验的形成，最终达到"教"是为了"不教"。

正确"减负"

减轻学生课业负担的口号已经喊了几十年了，可总是屡减屡重。新课程实施以来，学生的负担并没有根本减轻，甚至还有加重的趋向。学科知识由本学科领域的"深"到学科综合化的"广"转变，这一转变使培养导向由"专能型"向"全能型"的方向演变，使学生负担由单一的"深"转嫁到多元的"广"，学生在单元时间内的负担没有减轻。同时，学科中的"深"并没有变浅，致使学生承载着"深"与"广"的双重负担。

那么减负到底应该减什么？

减负不是减质量，也不是对学生的放任自流。减负不是简单地对课业负担做减法，不能一说减负就是单纯地减少课程、减少学习内容、减少作业、减少课时、减少考试、降低考试难度。如果只是简单地做上述"减法"，而不是从教学方法、手段以及评价机制上进行改革，那么这样的减负还是不是彻底的减负？减轻学生负担并不是让学生没有负担，并不是以牺牲教学质量为代价的。减负应该对学生的课业数量、内容和结构形式上进行优化组合，从效益上做文章。还应该考虑做"加法"，比方说增加教学、考试的趣味性、多样性、效率性。

"减负"应该减去那些不利于学生健康成长的"高消耗"、"低产出"的过重负担。只有降低教学成本、提高教学效益的减负才是有效率的。期中考试是否一定要取消？我觉得这倒不是问题的本质。现在一些地方的一些学校取消了期中考试，为什么学生还喊"累"呢？从表面上看，因为取消了期中考试，学生的课业负担似乎应该减轻了，但是实际上并不是如此。由于社会上对学校的办学评价，政府对教育部门的办学评价，教育部门对学校的评价，校长对教师教学的评价的因素，使得教育的压力从来就没有减轻。虽然没有期中考试，但实行了"过程性评价"，把期中考试的矛盾转移到了单元考试、阶段性考试。这样一来，考试更加频繁，压力由相对集中变成相对分散，学生经常面对考试

的压力，这不是真正意义上的"减负"。

不能片面地看待学生的课业负担问题，应该科学、理性地看待这个问题，既不能矫枉过正，也不能因噎废食。

应该首先明确的是，学习是一种智力活动，不能没有一定的"强度"。从这个意义上讲，学生要搞好学习，一点儿负担都没有是学不好的。问题是这种负担要适度，而且不是"无效劳动"。素质教育所说的"减轻学生过重课业负担"，显然不是减少应有的学习任务，而是在充分尊重并发挥学生主体性和主动性的前提下，增加其发展的目标，增大学习的有效含量，从而使学生综合素质得以全面提高。

因此，从素质教育的观点看，面向全体全面提高教育质量的"减负"必然同时意味着在某些方面科学地"加重"。

1. "减负"意味着加重学生全面发展的"负担"

在应试教育中，所谓"五育并举"事实上只剩下了"智育"是"硬任务"：学生在强大的升学压力下，绝大多数时间都不得不陷于"应试训练"的题海之中，无暇顾及其他，"全面发展"当然便成了一句空话；为了全力以赴抓"升学率"，一些学校不但取消了"高考"、"中考"不考的学科教学（如音乐、美术、劳技、健康教育等等），而"思想品德教育"也不可能真正落到实处。学生的课业负担虽然很"重"，但其他发展的任务却很"轻"——学生的"畸形"发展也就不足为怪了！素质教育通过学科教学改革提高了学生学习效率，使学生过重的课业负担得以减轻，教师就应该加强对学生德育、体育、美育、心理教育等方面的要求，并开设相关的课程，进行相应的训练，扎扎实实地引导他们"学会做人，学会求知，学会劳动，学会健体，学会审美"。

2. "减负"意味着加重教师备课的"负担"

有些教师和家长误以为"减负"就是少布置甚至不布置作业，这显然是把"学习负担"简单地与作业画上了等号。研究学生学习心理，我们会发现，学生的"负担感"并不一定完全是由于作业多或者作业难而造成的身体上的疲惫不堪。更多的时候，他们感到的是一种源于"低效作业"的心理负担。比如，老师要求学生抄写五个生字，每字10遍。这样的作业显然并不算多，也并不难，但对不少学生无疑是负

担——因为这样低效甚至无效而又枯燥无味的作业使他们心累！相反，如果老师布置的作业紧扣学生的学习实际，符合他们的学习兴趣且充满创造性，那么，即使作业稍多一点，学生也不会觉得是负担。这就要求教师在备课的时候，更加精心地设计自己的教学方案：不只是考虑自己怎样"教"，更要考虑学生怎样"学"；不只是考虑应该给学生布置多少作业，更应该考虑怎样给学生布置什么样的作业；不只是考虑作业的"知识过手"功能，更要考虑作业的"能力过关"功能……而这样一来，教师备课的"负担"当然要大大加重，但这是每一位有事业心的教师为科学"减轻学生过重课业负担"所必须进行的教改探索。

3. "减负"意味着加重学生思维训练的"负担"

前面所说的学生作业时"心累"，这与上海市实验中学教改过程中的一项调查结果相吻合：该校在实施素质教育时，对学生的课业负担进行调查发现，学生的学习状况存在"三重一轻"——心理负担重，记忆负担重，作业负担重，而学习过程中思维力训练的负担太轻！因此，要从应试技巧的训练转向学习能力的培养，重要的一点，就是要变"三重一轻"为"三轻一重"，这是学习领域内实现素质教育的关键。我认为，"加重"学生的思维"负担"，不仅仅是增加作业中的思维强度，更主要的有两点：一是教师应善于把自己的思路转化为学生的思路，教给学生以举一反三、触类旁通的灵活思维方式；二是学生在训练过程中应有创新的机会，让他们在训练中尽量体现自己的主体地位与个性色彩，充分体验并享受智力创造的成功乐趣。这样的"负担"再"重"，学生也会感到一种心灵的愉悦与轻松。

4. "减负"意味着加重学生能力培养的"负担"

学科教学中的素质教育必然使学生学得主动和轻松，从而有更多的时间和精力多方面地拓展自己的视野，培养自己的能力。这就要求我们教师在提高学生学习效率的同时，加大对学生其他能力——尤其是动手能力和社会活动能力的培养。

郑州一中在这方面的做法是颇令人称道的：这个学校坚决摒弃延长学习时间、加重学生负担、大搞题海战术的方法，提出对学生实行"五大解放"——解放学生的时间，让学生有足够的自由支配时间；解

放学生的空间，让学生能够走出教室到第二课堂去；解放学生的大脑，鼓励学生独立思考；解放学生的眼睛，引导学生把眼光从学校投向社会；解放学生的手，让学生进行制作、操作、实验。虽然这个学校严格规定不准增加课时，不准增加作业，不准课外补课，但学校不但一直在河南省保持较高的升学率，而且学生的综合素质和整体水平也领先于其他学校。

由此看来，素质教育所主张的"减轻学生过重学业负担"，实际上是对学生的成材提出了更高的要求，其结果必然是教育质量的大面积提高——这才是我们"减负"的真正目的。

如何导课

导课，顾名思义，即导入新课。就是在课堂教学开始时，教师用与本节内容有关的知识启发、诱导学生，使其全身心地进入到新课中来，从而提高课堂教学效果。可有的教师死守传统的教与学观念，走入了导课的误区，从而将导课引入了死胡同。

请看下面这个案例：

一位教师讲授语文《乡愁》一课时，设计了一个提问导语，"如果有个人到了一个遥远的地方，时间一长，他开始想念自己的亲人。这叫做什么？"她的目的是想让学生说出课题来。于是她叫起一位学生。

"多情。"学生答道。

"可能是我问得不对，也可能是你理解有误。好，我换个角度再问：这个人呆在外乡的时间很长，长夜里他只要看见月亮就会想起自己的家乡，这叫做什么？"教师又问道。

学生很干脆地说："月是故乡明。"

教师有点着急地说："不该这样回答。"

"举头望明月，低头思故乡。"学生忙着补了一句，显然回答的语气不太自信了。他看着已是满脸阴云的老师，赶紧又换了答案："月亮走我也走。"

"我只要求你用两个字回答。而且不能带'月'字。"教师的语气有些强硬。

"深情。"学生嗫嚅道。

幸好下面有学生接口"叫做'乡愁'"，教师才如释重负，顺着乡愁讲了下去。

这是一堂以新课程理念为指导的教学，课前教师作了精心准备，叫起来的学生也是语文尖子生，但一开始就让教师卡了壳。在课后总结中，这位教师抱怨道："在别的班试教时，导入根本不成问题。没想到

这位学生如此不配合！我已经多方引导，可他就是启而不发，差一点连教学计划都不能完成。"

看罢这则案例，我们不禁要问：为什么本是"根本不成问题"的导入却成了问题呢？作为课堂教学技能组成要素之一的导入成了问题，说明教师对新课程理念下的课堂教学技能缺乏足够认识。只有将课堂教学技能融入新课程，也只有将传统课堂教学技能加以更新与发展才能适应今天新课程教学的需要，才能真正实现"为了每一位学生的发展"的核心理念。

那么，什么样的导课才符合课堂教学新理念呢？

实践经验表明，课堂导课一般不宜占用过长时间，教师应在2～5分钟内完成导入任务，将学生的注意力吸引到特定的教学任务中去，这就要求教师的导语具有以下特征：

1. 针对性

导语的针对性体现在两方面：一是指要针对教学内容而设计，使之建立在充分考虑了与所授教材内容的内在有机联系的基础上，而不能游离于教学内容之外。其二是指要针对学生的年龄特点、心理状态、知识能力基础、爱好兴趣的差异程度。只有具有针对性的导语才能满足学生的听课需要，实现课堂教学的教育性。

2. 启发性

苏霍姆林斯基说："如果教师不想办法使学生产生情绪高昂和智力振奋的内心状态，就急于传授知识，那么这种知识只能使人产生冷漠的态度，而使不动感情的脑力劳动带来疲劳。"因为积极的思维活动是课堂教学成功的关键，所以教师在上课伊始就运用启发性教学语言来激发学生的思维活动，必能有效地引起学生对新知识、新内容的热烈探求。当然，启发性的导语设计应注意给学生留下适当的想象余地，让学生能由此想到彼、由因想到果、由表想到里、由个别想到一般，收到启发思维的教学效果。

3. 新颖性

曾有教育学家这样说过："不管你花费多少力气给学生解释掌握知识的意义，如果教学工作安排得不能激起学生对知识的渴求，那么这些

解释仍将落空。"一般说来，导语所用的材料与课文的类比点越少、越精，便越能留下疑虑，越能吸引人。因为心理学研究表明，令学生耳目一新的"新异刺激"，可以有效地强化学生的感知态度，吸引学生的注意指向。新颖性导课往往能"出奇制胜"，但应切忌单为新颖猎奇而走向荒诞不经的极端。

4. 趣味性

前苏联著名教育家巴班斯基认为："一堂课之所以必须有趣味性，并非为了引起笑声或耗费精力，趣味性应该使课堂上掌握所学材料的认识活动积极化。"充满情趣的导语能有效地激发学生的学习兴趣，调剂课堂教学的气氛和节奏，师生间往往在会心的笑声中达到默契交流。

5. 简洁性

语言大师莎士比亚说："简洁是智慧的灵魂，冗长是肤浅的藻饰。"这个见解极为深刻。课堂教学的导课要精心设计，力争用最少的话语、最短的时间，迅速而巧妙地缩短师生间的距离以及学生与教材间的距离，将学生的注意力集中到听课上来。

然而从教学活动本身的旨归来看，学生毕竟只处于从属的受动地位，所以他们始终活动在教师直接或间接的指导之下，不能适性而为或者旁逸斜出。对学生来说，良好的上课准备，即心理状态的调整、思维的收束和激奋身心的投入等，是上好一堂课的基础。但是由于种种原因，学生并不能很好地达到这一点。他们虽然已经随着上课的铃声坐到了自己的位置，但神经仍然保持在课间活动的兴奋之中，心猿意马，暂时还不能回到课堂教学的情境中来，教师虽在上边讲得津津有味，学生在下边却云里雾里，不知所云。如此，就使得课堂45分钟不能得到充分而合理的应用，直接影响了课堂教学的效果。而从教师一方来说，虽然可以以其充沛的精神和良好的准备影响学生，用目光和语言组织学生，但若要使学生充分进入课堂情境和教学内容中去，这还远远不够。

把握提问时机

提问是教学过程中教师和学生之间经常使用的一种相互交流、实现教学反馈的方式之一，是教师实施教育与学生完成学习过程的统一。它是在教师的主导作用下学生积极参与的相互作用的过程，也是检查学习、促进思维、运用知识实现教学目标的一种教学行为方式。因此，处理好提问时机，既能调动学生的积极性、培养学生能力，又能提高教师教学效果。

但是，提问需要把握正确的时机，否则就会走入误区，让效果适得其反。

请看下面的案例：

在第一次教《小狮子爱尔莎》一课的课堂上，王冬英老师以观看狮子独立捕食的录像导入，然后问学生："看了录像，你想用哪几个词或哪句话来说说狮子？""狮子在你的印象中是怎样的？"在学生读通读顺课文之后，教师提问："录像中的狮子是凶猛的，可爱尔莎在'我'的眼中是什么样的呢？它有什么特点呢？"学生围绕教师提问默读课文，有的边读边想，有的边读边划，在充分思考之后，学生争先恐后地谈起自己的看法来。当学生谈到第五自然段的最后一句"它好像听懂了我的话，撒娇似的吮着我的大拇指，用头蹭着我的膝盖，鼻子里发出轻轻的哼声"时，王老师问："你平时是怎样在父母面前撒娇的？"一生回答："我让爸爸给我买东西爸爸不答应时，我会拉着爸爸的手，边甩边说：'爸爸，我要嘛，我要嘛。'"同学们都笑起来，老师因势引导学生感情朗读课文，一时间，教室里书声琅琅……

王老师在课堂上设计的"爱尔莎在'我'眼里是什么样的，它有什么特点呢？"这种目标明确的中心问题，牵一发而动全身，抓住了文章的关键，有效地引导学生分析理解课文，体会文章的情感。

在第二次教学中，王冬英老师对教学环节和流程作了较大改动，给了学生更多时间朗读课文。在初读感知的环节里，教师要求学生读准字音，划出难读或喜欢的句子，多读几遍。有这样一段对话：

师：谁愿意把想读的句子读给大家听？

生：我喜欢这一句：它那蒙着蓝薄膜的小眼睛睁开了，那水汪汪的眼珠滴溜溜地转。

师：同样喜欢这一句的同学再来读一读。（生2读该句）

师：比较两位同学读的，你发现了什么？

生3：我发现生2读得更有感情一些，他读出了小狮子的可爱。

师：是这样的，请同学们再来读读这一句。

师：还有哪些同学有其他的句子想读一读？

生4：我觉得这一句很难读："我用鞭子着实教训了他一顿"。这一句中的"着实"读起来很别扭，而且我也不知道这个词是什么意思。

（师伺机板书"着实"，指名读）

生5：这个词读"着（zhao）实"。

师：是的。还有没有其他难读的句子？

……

在初读课文、整体感知的环节中，教师就要求学生在读出相关句子之后作出"是否有感情"的评价，显然时机不当。对于三年级学生而言，读通、读顺课文是初读时的基本目标，而"有感情"则是在学生分析、感悟文本之时逐步做到的。正因如此，王老师课中"初读感知"的环节时间过长，以至于后面分析课文的时间过紧，教学任务未能完成。同时，学生能在课堂上提出不懂的问题，实是难能可贵。而教师未予以充分重视，甚至连学生读错的"着（zhao）实"也未纠正，贻误了培养学生质疑精神的良好时机。

在刘宝丽老师第一次执教《小狮子爱尔莎》的课堂上，学生围绕刘老师提出的中心问题："爱尔莎是一只怎样的狮子呢"分析理解课文。读到爱尔莎"洗澡"一段"它看我蹲在河边，故意扑腾起浪花，

还用前爪轻轻地把我扑倒在地上，十分高兴地和我开玩笑。"时，教师问："看到这种情景，你觉得他们像一对什么呢？"学生的回答五花八门：像朋友、像母子、像伙伴、像亲戚，甚至词不达意地说像子女。接着学生往后分析到"换牙"段，"爱尔莎开始换牙的时候，像孩子一样张开嘴给我看。我轻轻地摇动它快要脱落的乳牙，它闭着眼睛，一动也不动"。教师又发问："此情此景，他们像一对什么？"学生答："像母子。"

刘老师前后几次提出"他们像一对什么"的问题，使课文分析或学生体验情感有迂回现象，也由于这个问题在"洗澡段"出现不够恰当，导致分析效果欠佳。第二次执教时，刘老师以"你喂养过小动物吗？你给它取过名字吗？"导人新课，三位学生分别做了回答，喂过小兔子、小鸭、小狗，学生有的聆听，有的偷笑，气氛轻松、活跃。

在分析到爱尔莎抓伤驴子的内容时，教师问：主人是怎么训斥狮子的呢？

生1：边挥鞭子边说：我叫你欺负人，我叫你欺负人！

生2：爱尔莎呀，它可是我们的好伙伴，你伤害了他们，谁给我们驮行李呢？以后可不许这样了哟！

在分析作者要把爱尔莎送回大自然，二者难舍难分时，教师问："三年来，他们已经情同母子了，可是为什么又面临这种分别呢？"生答："爱尔莎是野生动物，大自然才是它的家"，"作者越是爱爱尔莎，就越是应该把它送回大自然。"

导人新课时激发学生的学习兴趣是十分重要的，它对整节课效果的好坏都有着直接的影响。教师在开课时提出问题，创设情境，通过对比或类比来达到吸引学生阅读兴趣的目的。在分析理解课文的过程中，通过"想想作者是怎么训斥狮子"的问题，引导学生产生联想，把学生带到真实、具体的情境中，从而引领学生进一步体会文章情感，引起感情上的共鸣。

"抓时机，提问题"是教学中掌握时间度的问题。

小学生的思维没有主动性，必须通过一定的手段，才能激发学生的积极思维，而课堂提问是教学中反馈学生掌握情况的最常用手段，它是一种教学方法，也是一门艺术。

王冬英老师在第一课时教学中的提问堪称绝妙。牵一发而动全身，抓住了文章的关键。将文章的所有问题归为一个问题，由这个问题将其余问题引导出来，有效地引导学生分析理解课文。刘宝丽老师在第二次教学中提出的问题也很好，抓住了重点，适时地将学生导入情境，有效地激发了学生的学习热情。

但如果提问方法用得不妥，就很难起到它的作用了。如王冬英老师在第二次教学中的提问没有很好地掌握学生阅读方面的理论，她不知道读通读顺课文是初读时的基本目标，而"有感情"则是在学生分析，感悟文本时逐步做到的，而且她对于学生提出的问题没有正视，错失了培养学生质疑精神的良好时机。刘宝丽老师在第一次教学中的提问，使课文分析有迂回现象，这属于教学事故，是提问方法没有掌握好。

所以说，我们一定要掌握好提问的时机。

提问时机可以从两个方面去把握。首先是从学生心理状态把握：（1）当学生的思维处于一个小天地无法"突围"时；（2）当学生受旧有知识的影响无法顺利实现知识迁移时；（3）当学生疑惑不解厌倦困顿时；（4）当学生胡思走神时；（5）当学生心情兴奋、跃跃欲试时。其次是从教师教学视角把握：（1）教学到达教材的关键处时；（2）教学到达教材的疑难处时；（3）教学到达教材的联结处时；（4）教学到达内容的含蓄处时。

在课堂教学中除了要注意提问的时机外，我们还应该要注意以下几点：

1. 要注意提问的对象

提问的对象应当是全班学生，问题的设计必须要从全班学生的实际出发，能够抓住全班学生的注意力，使全班学生开动脑筋，积极思考，踊跃回答，要克服那种因问题太难而使大多数学生变成旁观者、成为局外人的做法。在提问对象的选择上，要讲究一条有先有后的原则：平时举手少的优先回答，多次举手而一次未得者先回答、屡答屡对者后，屡答屡错者后。

2. 要注意提问的反应

提问后，学生反应如何？是积极思考还是无动于衷？是大胆回答还是守口如瓶？回答是深刻还是表浅？答案是正确还是错误？教师要善于通过反馈，检测提问的效果。作出对提问的科学的处理，并及时确定下一步的提问。

3. 要注意提问的梯级

学生掌握知识是有梯级性的。学生学习一篇文章，一般是从初步了解课文到熟读精思，再到深入理解。因此，教师要根据学生的知识梯级规律来确定课堂提问的梯级进程。

4. 要注意提问的意外

有些问题，可能学生的回答往往出乎教师的意料之外，教师对答案是否正确没有把握作出判断，这时教师切不可不懂装懂，而应实事求是地向学生说明，等自己思考清楚后，再告诉学生。教师实事求是，和学生平等相待，相互学习，共同探讨，这样学生就会敬重教师，课堂提问也就会得心应手。

5. 要注意提问的小结

提问小结，就是在提问中，教师对学生的回答所作出的总结性讲述，它对知识的系统与综合，认识的明晰与学会深化，起着至关重要的作用。不少教师对提问的小结缺乏认识，对学生的回答采取放任自流的态度，答问不正确的不予订正，不完整的不予补充，零散的意见不予综合，肤浅的认识不予深化，极大地削弱了课堂提问的作用与效能。因此，教师一定要对课堂提问进行必要的小结。

慎用多媒体　不丢基本功

正如任何手段和方法都有局限性，多媒体的局限性也十分明显，不容忽视，主要是造成师生的依赖、惰性心理。

现在的教学评价中有一种偏向：不看是否需要，都以使用多媒体为一种标准，缺少多媒体的课就不是一堂完整的课，更不是一堂好课。其实，这种片面评价对教师产生一种误导，使教师形成一种心理负担，不用多媒体怕人家说自己落后，跟不上形势，所以，不管有无必要都要用多媒体，不是为提高效率使用多媒体，而是为了赶时髦，特别是一些观摩课、公开课，似乎不采用多媒体就是保守，就是一堂失败的课，最起码也是不完整的课。有的讲课教师不惜花费一周甚至数周的时间精心制作课件。可结果并不理想，只是起到了替代小黑板的作用；有的教师把界面搞得五彩缤纷，以为这样可以吸引学生的学习兴趣，然而，学生的注意力被鲜艳的色彩所吸引，忽视了听老师讲、学习课堂教学中应掌握的知识；有的教师因为有了多媒体，干脆不再写板书，一节课下来，听课者大饱眼福，可黑板上除了课题没有其他任何痕迹；有的教师因计算机操作不熟练，造成课上到中途而无法进行，只好在旁边配个"助教"。有些观摩课、公开课成了多媒体的大展览，教师只是按按键的工具，看不出教师的组织、指导作用，更看不出教师实践智慧的火光。

教师的精力是有限的，教师在把主要精力花在制作多媒体课件上，无形中就放松了基本功的训练，很少写板书，板书能力就会退化；忙于制作课件，就不可能有多少时间去认真研读文本，势必造成朗读水平的下降，所以，在一些公开课的课堂上，多媒体是展示得眼花缭乱，板书却不敢恭维，教师的范读、领读等水平更是令人不敢苟同。

一堂课就 45 分钟，教师在不断播放多媒体，就把学生的读书时间、训练时间占用了，这无疑对抓学生的"双基"是不利的。有的教师甚至认为可以用多媒体教学代替学生训练，看多媒体学生不可能就会读书、识字，也不可能就会写字。比如，有一个专家在听一节公开课之

前，叫一个学习中下的学生来读这一篇课文，把这个学生不会读、读不准的字、词记下来，在课堂上，教师也就这样不断地展示其课件。在课后，该专家又叫那个学生来读这篇课文，原来不会读、读不准的字、词学生依然没有多少改观。可见，过多的展示多媒体并不是什么好事。

所以，使用多媒体必须慎重：一是看需要、必要；二是让多媒体发挥积极作用。课堂教学不能丢弃教师的基本功。比如训练学生写字，教师就要认认真真地作示范；教学生读书，教师就要作好范读、领读。因为，上课不可能时时刻刻都带电脑，教师还必须要扎扎实实地练好基本功。

惩罚重方式

许多教师出于对学生的负责和对纪律的维护，对学生出现的错误一丝不苟地进行规训与惩罚，但当他们不止一次遇到批评后的尴尬时，他们又困惑了："难道我们惩罚错了吗？"其实，惩罚本身是没有错的，但是很多老师在方式上却陷入了误区。

误区一：批评无根无据。

某老师刚刚参加工作，一天晚自习时间，他在教室外面的走廊上巡视，从窗户里窥见学生徐某眼睛不住地往桌洞内瞧。他想：该生一定是在看武打之类的"闲书"。

联想到徐某平时种种不好的表现，老师心里的火气马上升腾起来。他悄悄地推开教室的门，迅速走到徐某面前，用低沉但却严厉的语气说："站起来，把桌洞内的书交出来！"徐某吃了一惊，有些狐疑地把书递给了老师。老师一看，那本书是《基础训练》。老师不相信，便用更严厉的口气说："把你偷看的书拿出来。"徐某镇静下来，否认自己看过别的书。在全班同学的注视下，老师更生气了，蛮横地把徐某扯到一边，亲自去翻检他的桌子，结果真的没有别的书。老师没有别的办法，推了徐某一把，说："学习就应该有学习的样子，以后注意点，坐下吧！"徐某平白无故被老师训了一顿，很是委屈，用不满的目光狠狠地盯了老师几秒钟，坐下了。后来，他都不愿理这位老师。

该批评的误区在于：批评无根无据。老师对学生的批评，尤其是比较严厉的批评，最好有充足的根据。这样，对真的犯了错的学生，可以让他心服口服；对于没有犯错的同学，就不会冤枉他们了。做学生工作必须认真细致，慎之又慎，任何的主观臆断、草率行事都可能伤害学生的自尊。

误区二：评价绝对化。

一次，班主任当着全班同学的面狠狠地批评了一个中等生："你不认真学习，不守纪律，不争气，永远也学不好！"班主任的初衷，本是想不留情面地批评该生一顿，使之认识到自己不求上进的严重后果，从而会产生一种上进的欲望。

可是，事与愿违，从此以后，这个学生不但没进步，反而更坏了。班主任非常着急，找他谈话。这个学生开始不吭声，老师一再劝说，学生就不卑不亢地回了一句："我反正学不好，学了也没用！"班主任想纠正他这种观念，问："你怎么知道自己学不好呢？"不料，该生满腹怨气地回答："你上次不是说我永远学不好嘛！"

该批评的误区是：评价绝对化。批评要讲艺术，切忌把话说绝对。如果把学生说得一无是处，永无出息，势必使学生丧失上进的信心，进而产生破罐子破摔的想法，这样就使批评教育失去了应有的作用，造成教育工作的被动。同时也可能彻底毁灭了一个孩子的明天。正确的批评应该是中肯的、恰如其分的，在批评中伴随着鼓励与期望，在批评中饱含着诚意与热忱，既让学生看到自己错误的严重性，又让他看到纠正错误、改正错误的可能性，激起学生心中上进的火花。

误区三：因小失大。

某班的数学老师对班主任说："你们班最近不知怎么搞的，交上来的作业乱七八糟，一塌糊涂！再这样下去，期末成绩我可不敢保证了。"

班主任张老师听了火冒三丈。"这样下去可不行！"张老师心里想，"一定要抓几个典型杀鸡给猴看，以免类似事件的再次发生。"

上课铃响了，张老师气冲冲地走进教室。在因昨天作业的情况对全班同学劈头盖脸地骂了一通之后，开始"重点突破"。班上有两个同学平时上课老是迟到，又不认真听讲，作业不能按时完成，张老师对他们气不打一处来："你们俩是不是我们班的一分子？想成为拖欠作业的'专业户'？我们班的脸都被你们丢光了。这样下去，怎么熬到毕业啊？

今天就站着听课，要不然下次作业又不记得交。"

忽然，坐在第一排的数学课代表赵同学红着脸站了起来，怯怯地说："张老师，我的作业也没交。"张老师心想：课代表表现还不错，上课也较认真，怎么也没交？"你为什么没交？""我做好了，忘记交了。""忘记了？我强调过多少次缺交作业要罚抄班规，你却忘记了？"想起这次作业的情况，张老师盛怒之下，立即做出决定："忘记了就别当课代表了！难怪同学都忘记！你从今天起就撤职。你也给我站着，以免下次又忘记了。"课代表惊呆了，心里委屈万分："我不过是一次的忘记，班主任就这样对我。老师不是教育我们要做个诚实的孩子吗？我主动承认错误，原来就是这样的下场，何况我作业又不是没做啊。"赵同学越想越伤心，眼泪禁不住流了下来，心里想："下次我再也不相信张老师了。"

该批评的误区在于：因小失大。张老师针对作业不认真的情况进行整治并抓典型的做法本来就值得商榷，而不分青红皂白对主动承认错误的赵同学也同样处理，进行粗鲁的批评和惩罚，更是不应该。这对该同学造成的心理伤害却比不交作业的后果更严重、更可怕。本来教师的批评是为了使班上的风气好转，结果却是不仅没有达到教育目的，而且给同学造成负面影响，警告他们不要诚实。这倒是真起了"杀鸡儆猴"的作用。

误区四：形式僵化。

在学习上，月是年级的种子选手，是班主任的骄傲。同时，月又是一个典型的学习与思想发展极不平衡的学生。月有一个明显的缺点，平时喜欢以自我为中心，我行我素，不拘小节。班主任与任课老师就她的缺点接二连三地找她谈话，可她全当是"耳边风"。这不，别的同学正在安静地自习，她却在教室里大大咧咧地吃东西。

开学初，班主任就宣布过"不准在课堂上吃零食"的纪律，后来也借机会强调过几回。可是现在，尽管班主任盯着月，她却并没有放下手中的冰棍。班主任决定趁此机会给月一个教训，也给全班同学一个交代。班主任提高了声音："月，你现在有三种选择；一、到教室外面去

吃，吃完再进教室；二、立即扔掉；三、如果舍不得，可以先放好，留到课后再吃。"同学们回过神来后，哄堂大笑。在大家的哄笑声中，月红着脸，极不情愿地把冰棍丢进了垃圾桶。整节课显得格外安静，同学们都忙于做练习题，唯有月趴在桌上，流着泪整整一节课都没有抬起头。在后来的一段时间里，月对班主任或多或少地存在一些情绪。

该批评的误区在于：形式僵化，不会因材施教采取最适宜的批评方式。从教育目的来看，对于月这类违反班级纪律的行为，进行适当的管束和教育是无可非议的。从教育的结果来看，班主任虽然成功地制止了月的违纪行为，其他同学也迅速平静下来，但是，如果仔细推敲起来，就不难发现，在本案例中，班主任只顾一时的表面效果，并没有针对月的心理差异采取特殊的管教方式。相反，在全班同学众目睽睽的压力下，班主任制止了月的行为。从表面上看，班主任顺利地"摆平"了这件事，教室立即安静下来。实际上，批评形式僵化，不仅没有起到教育的效果，还造成了抵制情绪，甚至伤害了同学的心理。

那么，批评与惩罚怎样才不会走入误区呢？

评"对事"，切忌"对人"。每个人不可避免会有这样或那样的缺点或错误，更何况是孩子？所以，在批评学生的错误时，千万不要轻易地、武断地或毫无根据地作出关于学生品质与人格问题的判断。教师要时刻牢记批评的目的是教育学生，而不是让学生难堪，也不是为了自己立威。如果偏离了这一目的，批评就是无益的甚至是有害的。批评时，应紧扣学生错误言行本身，判断事实本身的是非曲直，不要将言行与道德品质挂钩，不要主观延伸或无限"上纲"，作出品质不良的论断。要根据客观事实，用客观事实说明什么是导致你批评他的原因，并避免作主观评价。应指出学生的行为本身有何错误，对社会、学校、班集体的危害或不良影响是什么，而不应该对学生进行人身攻击、人格侮辱等。要杜绝"笨蛋"、"你真蠢"之类的言辞，因为这样的恶言轻则伤害学生的自尊，导致自卑或者逆反心理，重则有可能把学生在错误的道路上越推越远。

应就事论事，指出错误的性质和危害，并启发学生反省。错误一经处理，就不要再提起，给学生一段改正错误的时间。如果在对学生进行

批评教育时，常常提起以往的一些错误，学生会认为你不信任他，一直在搜集他的错误和缺点，是在和他算总账。这对他们强烈而敏感的自尊来说是一种极大的伤害，从而使他们产生极端的自卑心理。使他们感到自己在老师眼中已一无是处，索性自暴自弃。这也就失去老师批评教育的意义了。因此，批评要分析原因，就事论事，有针对性，最忌讳"翻旧账"。这样，被批评者才能心悦诚服，主动改进。

因此教师教育学生应从尊重、信任的愿望出发，要善于理解学生。理解是沟通心灵的桥梁，只有和学生实现心灵沟通才能产生良好的教育效应。特别是差生，教师更应给他们以信任和关怀，并且不断地鼓励和帮助他们，建立融洽的师生关系，使教育更具说服力，更易于被学生接受，从而达到教育的目的。

批评时还要切记"鼓气"，切忌"泄气"。批评的艺术在于使人认识到自己的错误，又不至于使人失去信心。批评应使人振奋，而不是使人气馁。在批评学生时，不应专找学生的问题，如说出"你真是没救了"、"你是教不好了"等给学生泄气的话，而应以鼓励为主，注重寻找他们的闪光点，以增强他们的自信心，争取早日改正错误。

尤其对于比较内向与自卑的学生犯的错误，教师千万不能从语言、表情、态度上表露出对批评学生的不信任和失望，因为这种不信任和失望，会使学生丧失改正自己的信心和力量。相反，如果批评中带鼓励，并对学生未来的发展抱有期望，那么，学生不但乐于接受教师的批评，而且会产生改正错误的勇气和力量。

还有一点也要注意，就是做好批评的善后工作。要知道，即使是最温和的批评，也是对学生否定性的评价，由于学生自尊心的敏感，批评之后很可能会产生诸如自卑、意识消沉、情绪低落等消极反应。教师应细心观察这些变化，一方面要教育其正确对待批评；另一方面，对其批评后的进步，哪怕是微小的进步也应及时给予鼓励性评价，这样才能达到"鼓气"而不是"泄气"的教育效果。

最后一点需要强调的是，你们要切记"因人而异"，切忌"千篇一律"。教师在对学生进行批评的时候，要根据学生的接受能力和个性心理特征，因人而异，慎重选择批评方式。批评要因性格不同而不同。对于豁达坦诚的学生，可开门见山，一语中的。对于胸有城府、工于心计

的学生，可含蓄委婉，暗示启发，陈述利害，以理服之。对于性格内向孤僻的学生，应倾注关爱，以情动之。对于不肯轻易认错的学生，批评时要证据确凿，言之有理，持之有据。对于依赖性强、胆小懦弱的学生，批评时要以鼓励、引导为主，并请家长配合。对于刚愎自用、目中无人的学生，批评时要注意高屋建瓴，用语清新隽永、警示性强。

还要注意学生的个体差异，对症下药，有的放矢地进行批评。那种千篇一律的教育批评方法和板起脸孔的训斥是难以奏效的。教师要抓住学生所犯错误的实质，"一把钥匙开一把锁"。对于不同的错误类型也要采用不同的批评方法。对于迟到早退、损坏公物、触犯校规班规等错误行为，学生若已经有改过表现，这时就应充分肯定学生的闪光点，提出使他不重蹈覆辙的措施和办法，使他知道怎样改正缺点。对那些原则性的错误，比如偷盗、打架等，应在批评的同时，帮助他们明辨是非，区分真善美，使他们"迷途知返"。只有客观公正、对症下药、有的放矢地实施批评，学生才会心悦诚服，才会把教师的要求自觉地内化为自己前进的动力，以实现批评的最佳效果。

实践证明，适当的批评不仅有利于身心健康，而且有利于培养优良的心理素质，促进学生的身心发展。它能提高学生经受挫折的能力，减少学生的虚荣心理，加快学生对错误的认识。表扬与批评是一对矛盾的统一体，少了任何一方，都会使对方黯然失色。批评性教育有着独特的魅力，这种魅力值得我们认真地重新去审视。批评既是一门科学，更是一门艺术。它有法，但无定法。它是一剂苦口的良药，也是一把双刃剑。只有适时、适度、有效的批评，才能起到鼓励与鞭策的作用，帮助我们达到既定的教育目的。

不用一成不变的眼光看学生

不论是小学教师还是中学教师，一接班，都会发现学生的学习成绩参差不齐，品质行为也存有不小差异。尤其是没有经过选拔考试自然编班的班级，学生差异更大。知书达礼、学业优异的学生和调皮捣蛋、学习困难的学生往往差异巨大，令人感喟。

面对眼前学生的客观差异，尤其是面对后进学生，把他们看作是一成不变的，还是看成动态发展的，是检验一个教师是否真正具有辩证思维的试金石。

当一个优秀学生和一个屡犯错误的后进生同时出现在教师面前时，尽管两人此时都没有做令教师不愉快的事情，教师看待他们的目光中如果包含的感情不同，那么这个教师很可能已经把后进生定格在"难以改变"上面了。

当一个教师思维简单，用一成不变的眼光看待学生时，某些特殊学生的命运就已经被确定为不幸了，这同样是教学的误区。

某教师认定初中二年级学生张某是个"坏家伙"，经常故意和老师作对，故上课时对张某的一举一动特别敏感。有一天，张某忽然消失在座位上。原来他低下身子，避开老师的目光，偷偷和邻座同学交换小玩具。某教师发现后让他和那个同学站起来。他一副满不在乎的样子，东瞅瞅西看看，而另外那个学生站得很好。鲜明的对比令某教师火冒三丈。

"不愿上就回家！"某教师气呼呼地走到他身边，拉出他的书包把桌上的文具往里面装，"没人求你来上学，想玩回家玩，别在这里影响别人！"

下午，张某在家长的"带领"下来到某教师的办公室，不断对某教师道歉："老师，孩子不懂事，让您受累生气了。他已经认识到了错误，以后不敢了。快，来给老师认个错！快点呀！"

　　家长说着，把张某拉到老师跟前。张某嘴里咕哝着勉强说："对不起，我错了，以后不敢了。"家长马上脸上堆笑对某教师说："老师，看在我老脸的份上，原谅孩子这一次吧。快上课了，我送他去教室，行吧？"

　　事情总算解决了。可是过了几天，张某上课又出现了问题，态度不好，还再次被某教师"撵回家去"，又被家长送回来。如此几个反复，家长再也不好意思来了。张某从此流落到社会上，结交了一些"流里流气"的家伙，经常参加学校附近的敲诈学生钱财和斗殴。

　　同样是张某，如果换了一个教师，而这个教师与某教师的教育理念不同，深谙学生教育之道。他对张某就会是另外一种处理原则与方法。

　　事情可能会变成这样：有一天，张某忽然消失在座位上。原来他低下身子，避开老师的目光，偷偷和邻座同学交换小玩具。教师发现后请他和那个同学站起来。他一副满不在乎的样子，东瞅瞅西看看，而另外那个学生站得很好。教师并不理会他，摆手让另外那个学生坐下了，说："某某同学站得很好，用实际行动表明，自己已经认识到了刚才做得不好。"

　　这样做无疑是提醒张某。一般来说，换成其他学生，大都会立刻站好，争取早点坐下。但张某积习难改，仅站好了不到半分钟，就又开始东瞅西看。下课后，教师把张某叫到外面，语气平静地对他说："就不耽误你课间休息了，你放学后等我一下，咱俩仔细聊聊。"

　　放学后，教师提前来到教室，把已经收拾好书包打算"溜号"的张某叫住，带到办公室，搬了一把椅子放在自己办公桌旁边，请张某坐下，开始了一番长谈。

　　谈话是从征求张某对教师自己的意见和建议开始的，谈到了张某上课违纪对周围同学和自己学习的影响，谈到了老师提醒后张某还不能认识错误的危险性，表扬了张某在另一个同学坐下后曾一度站好所表现出来的可贵改错精神，以及其后的不良表现和已经答应放学后留下与教师聊聊，却打算溜走的失信是多么可怕。最后，教师对张某说，你是个好孩子，暂时有点问题但不影响未来的进步，相信你一定会变得越来越好。

相信各位教师看了以后会得出自己的判断：在这位教师的教育引导下，张某还会不会"流落社会"，变成一个在学校附近敲诈学生钱财和斗殴的不良少年呢？

教师应当谨记：我们面对的未成年学生，仅仅处在他们成长过程中与我们为师生关系的特定阶段，他们会继续他们的人生成长。他们目前的后进状态，是过去诸多后天因素共同作用的结果，而并非一生下来就形成的。他们令教师痛心的一切都可能因"诸多后天因素"的改变而改变。

教师还应当谨记：他们可能而且应当与其他孩子一样拥有美好的未来。未成年人可塑性极强，经过我们顺应其成长规律的耐心教育，即使他们的学业不能令人刮目相看，他们的品行也会令人称道。相反，如果我们的"教育"不能顺应他们成长的规律，那么他们美好的未来就只能是一场梦。如果我们的"教育"恰好是把他们推向深渊的"教育"，就真正毁掉了这些原本纯真无邪暂入歧途的孩子。

这就是用发展的眼光看待学生。有了这种眼光，教师就不会用厌恶的目光将后进生看成不可救药的异类；有了这种眼光，教就会不断研究育人的规律，审慎地思考自己的教育方法，唯恐阻碍后进生的转变，影响他们的健康成长；有了这种眼光，教师才会为自己从事的职业感到骄傲和自豪。

编排座位要科学

新学期开始，编排座位是班主任必须做好的一件事。然而，在现实生活中，有些班主任并不按照科学的标准来编排，而是走入了误区，或者说编排座位带有歧视性。

第一种误区，按成绩好坏来编排。

有些班主任为了追求本班文化课考试成绩的提高，常常在期末考试前对学生许愿，下学期全班按照上学期期末各科总成绩排名来重新排座位，名列全班总成绩第一名的同学有第一个选择座位的权利，第二名有第二个选择座位的权利，以此类推，最后一名具有末位选择权。

第二学期一开学，全班学生就在教室外背着书包列队站好，班主任从第一名开始点名，被点到名字的学生进教室坐到自己最喜欢的视线最佳的座位上。考试名次位居前列的学生欢天喜地，击掌庆贺；考试成绩居后倒数的学生垂头丧气。最后，他们只能在众目睽睽之下坐到教室最后一排无人问津的座位上。

最早听说这种"座位按考试成绩排列"，大概有十几年了。其后以惊人的速度传播，不少班主任都尝试过这种办法。一般来说比较常见的是，把"学习好的学生"安排在听课效果佳、采光效果好、远近适中的座位上，而学习差的学生不是在最前面就是在最后面，要不就在前排"练斜眼"的两侧位置。

这是对学习困难学生的整体性歧视，还有个体性歧视。个体性歧视，就是从整体上不改变入学时按照个头高矮排列的座位，即不做全班性座位调整，只按照成绩调整个别学习困难学生的座位。班主任在期末考试前声明，谁成绩列全班倒数最后几名，下学期就坐最后排最靠边的座位。这样，倒霉的仅仅是几个学习最困难学生，相对来说涉及面较小，打击的学生较少。

试图通过打压歧视的方式提高本班文化课考试成绩，只是一种不切实际的幻想。它的实际意义仅在于表达班主任对成绩优秀学生的喜爱，

71

发泄对"扯班级成绩后腿"的学习困难的学生的怨恨。从来没有听说有哪个班主任能凭这种"损招"整体提高本班成绩名次，也没有哪个班主任能以此使学习困难学生进入哪怕中等生行列。

按照学习成绩排列出歧视性座位，对学习困难学生心灵的伤害是巨大的。

第二种误区，按纪律好坏来编排座位。

对于屡次上课违纪的学生，班主任屡次批评教育不见成效，盛怒之下，罚他们坐在教室最后面的座位上。于是，有的班级一上课，后面就乱哄哄让任课教师头痛心烦。还有的班主任让个别纪律差或极差的学生自己从家里带来小凳或马扎，单独坐在教室前排一侧。如此等等，不一而足。

对学生违规行为都应当有明确的处理办法。就拿老师们最讨厌的学生上课故意捣乱来说吧，班主任应当按照班规来严格处理，而不是随心所欲地将他"撵"到最后一排最偏角的座位上。"按照班规严格处理"，并不是说班主任只是机械地按照班规对学生的不断违规行为进行不断升级的处理。在这个过程中还有一个班主任要做细致入微的思想工作的问题，有一个对违纪学生的微小进步不断肯定积极鼓励的问题。这是班主任必须努力来做的工作。

严格合理的处理与细致入微的思想工作相结合，才能使违纪学生"痛改前非"不断向善。

想依靠座位的改变来纠正学生的违纪行为，并不见得是个好办法。

我们不妨看看下面这个案例。

我进行班会制度改革实验的一学年，没有一个学习优秀学生被"优待"到最佳学习位置，也没有一个学习困难学生被"惩罚"到偏远位置。全体学生都是按照入学时排好的座位，一年来没有调换一个学生。班级的学习成绩照样不断提高。有些恰好使用相反做法的班级，学习却落到了我们班的后面。

我担任班主任的这一年间，曾经有几个学生和学生监护人以不同的理由提出要调换座位，其中一个学生监护人还三番五次给我打电话，甚至口气比较强硬，均被我拒绝。我处理调位要求的原则是，学生在哪里

出现了问题就在哪里解决：纪律有问题的在原座位解决，闹不团结的也在原座位解决，"性格不和"的更没有理由要求他人离开。我认为，通过调换座位解决学生间的矛盾或纪律问题，不是真正解决矛盾或纪律问题，而是进行消极的回避。学生从中不会真正取得经验教训，更不能真正学会如何正确处理同学间的关系，也很难让违纪学生真正改过自新。

那怎样编排学生的座位才科学合理呢？

下面提供一些建议供参考：

1. 要考虑个儿的高矮和视力的好差

在一般情况下，个儿矮、视力差（听力差）的学生座位往前排，个儿高、视力好的学生安排在后面坐。这样可以避免高个儿学生挡住矮个儿学生的视线，或视力差的学生看不见教师的板书。

2. 要考虑学生性格的差异

学生由于家庭教育和个性的原因，性格有明显的差别。有的性格开朗，活泼好动，不善于约束自己；有的性格文静，沉稳安详，善于约束自己的感情和行为……在排座位时，要让好动的学生和文静的学生坐在一起，这样可以以"静"制"动"，有利于课堂纪律；让性格孤僻的学生和性格开朗的学生坐在一起，后者可以影响前者……

3. 要考虑学生学习成绩的优劣

在排座位时，班主任要挑选学习成绩好、纪律好的学生和学习成绩差、不守纪律的学生坐在一起。这样好学生可以帮助差学生，差生有了问题可以随时问好学生，实际上这就是为结成"一帮一、一对红"打下了基础。

4. 要考虑学生性别的不同

在小学或中学低年级里可取男女同位的编排方法。一般情况下，女同学常常能够在学习上帮助男同学，也能控制突然发生的不遵守纪律的行为。在高年级，将男女排在同位也可能产生"异性效应"，起到相互促进的作用。

5. 要考虑某些特殊情况

如有的学生个子很高，视力却很差，要考虑在不影响后排同学视线的情况下，安排在靠前一点的座位上……

在编排座位前后还应做好以下几项工作：

（1）编排座位前，班主任要对学生的性格、学习和纪律情况进行细致的了解。

在不挫伤差生自尊心的前提下，把一些情况通报给全班学生，并听取他们对编排座位的意见，有意识地对学生进行思想道德教育，引导学生树立无论做什么事情都应有先人后己的精神和集体主义观念。教育学生不管坐在哪个座位上，都要自觉遵守纪律，都要团结友爱、互相帮助、互相尊重、互相谅解，为把自己的班建设成和谐团结的先进集体作出自己的努力。

（2）注意合理调整。

排座位后，不是万事大吉了，由于情况了解得不会那么全面，更何况情况在不断的变化，因此，要根据新的情况随时作适当的调整。

（3）要做好学生的思想工作。

排座位后，需要时班主任应及时跟同桌的两个学生谈心，教育他们搞好团结、互相帮助。对学习和纪律好的学生要严格要求，引导他们发扬友爱精神，主动帮助学习、纪律差的同学；对于较差的学生，要鼓励他们树立自尊心和自信心，消除自卑感。虚心向学习、纪律好的同学学习，锻炼自制能力。

（4）坚持定期调换座位的制度。

定期调换座位，一是为了调节学生的视线，防止学生成为斜视；二是让学生对环境（座位）产生一种新鲜感，有利于学生的学习；三是让学生左右视力、听力和脑神经得到均衡的刺激，有利于学生思维能力的发展。一般情况下每两周左右调换一次纵行座位为宜。

允许学生"唱反调"

数学课上，张老师认真地讲解着新知识。随后，又组织学生积极参与讨论。

这是一节几何初步知识课。学生们拿着手里的学具，左拼拼，右挪挪，在探索中学习，在操作中讨论着……正当学生们兴趣盎然之时，授课老师提出了这样一个问题："看小黑板，找一找，这个图形中共有几个角？"老师挂出事先准备好的小黑板（如图所示）。

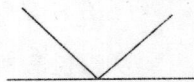

图

同学们积极行动起来，有的点数，有的边画边数，有的用学具挪动着，拼摆着，琢磨着。片刻，老师说："谁找好了，请举手回答？"同学们都积极举手，把自己所数的答案告诉老师："三个"、"四个"、"五个"、"六个"……

"好，咱们看谁找得准、找得全、找得对。我请几名同学到前边在黑板上边指边数。"四名同学一个接一个地来到讲台上，用小棒比划着向全班同学演示着自己所数出来的角。当最后一名同学讲解话音刚落，突然听见教室最后边的座位上有一男孩扯着嗓子兴奋地喊："不对不对，我说有七个也对、八个也对、无数个更对！"

老师顿时生怒，"故意捣乱是不？不想学出去！"

全班同学的目光也齐刷刷地转到了该同学身上。

此时，下课铃声响起。老师表扬了来讲台上的四名同学，并肯定了"此图中有六个角"的答案是正确的。然后，用愤怒的眼睛瞪了瞪那个在座位上喊话的同学，宣布下课。

课后，许多同学跑到刚才被定为"故意捣乱"的那个同学面前，问他为什么惹老师生气。该同学用笔一边在本子上画，一边给围过来站在他身边的同学讲自己答案的理由："此图有七个角，是在平角范围内；有八个角，是在周角范围内；有无数个角，是在什么范围内我说不好。我爸是教高中数学的，我看我爸在备课的时候画过。我也问过，他

说：绕一圈就是一个角，可以绕无数个圈，所以就有无数个角。还可以反着绕呢，也可以绕出无数个。以后咱们上高中要学！……""你们说是我捣乱还是咱们老师没讲对呀？"同学们向他投去了羡慕的眼光。此时。他们好像心里也在琢磨着什么。

该生认为老师批评委屈了他，从此产生了与老师唱反调的心理。他经常课上故意捣乱，经常给老师挑出毛病。因为他很聪明，现有知识的学习根本压不住他，在学生中又很有威信。故此师生对立情绪愈演愈烈。

从这位教师此时的面部表情可以窥测到她的心里对这位学生是极不满意的。一是不举手就发言，影响了课堂教学秩序；二是故意与教师教学唱反调。她认为学生是无根据地乱说乱叫，却没能意识到自己的教学是否有漏洞，孩子的说法或许也有道理。因此十分生气，并产生一种对此生该狠狠治理一下的念头。如果此时的教师，冷静地思考一下自己所提出的问题，补充说明是在"小学阶段所学的平角范围内或是周角范围内"考虑，全体学生就会在教师引导下准确地找出图中存在的角，而教师没能这样做。

实际上，教师在教学中不可能解决学生想到、提出的所有问题，但是决不要因此限制学生的思维驰骋，而应当引导他们在发展的方向上积极思考，有所发现、有所领悟、有所质疑。这样才能体现问题本身更多的思维价值，这种价值的实现是教师在问题及求解过程的设计中应该花大力气考虑的环节。

你看这名学生讲得多么认真！说得多么好啊！他的父亲是一位中学数学教师，该生在父亲备课时看到过这样的图形，甚至比这个图形还复杂。出于好学，他曾经向父亲请教过该类问题，父亲的教导他深深地记在脑子里。在今天的课堂上，老师出了这样一个图形，他开始没在意，但在同学的发言过程中，他联想起父亲讲过的知识，兴奋地说出了自己的想法。虽然没有举手、未经老师允许就脱口而出的做法有些违反纪律，但孩子对知识认真的态度、兴奋的表情、聪明的才智、敢于求异思维的精神，都是我们课堂交流过程中应肯定和提倡的。这时的教师应如何对待学生，这是关系到教师树立什么样的学生观的问题。如果教师认

为学生爱提一些稀奇古怪的问题是爱思考、求知欲强的表现，就会耐心细致地去解答、诱导；反之，如果认为这是成心捣乱，就会对学生生厌，特别是在力不胜问的时候，很可能会对学生恶语中伤。如果把学生看成被动的、无知的，甚至还有不少"毛病"的受教育者，教师就会高高在上地去"传授"知识，去训斥"改造"学生，对学生缺乏应有的尊重，学生的积极性、主动性就得不到发挥。教师对学生态度生硬、野蛮，教师对学生的现状不满，造成的结果就是师生关系淡漠、紧张。这位教师，没有及时发现孩子的闪光点，没能及时捕捉到孩子的知识来源，更没有追问孩子所说答案的道理，多么好的师生交流、生生交流的时机被教师断送了。而且，给这位敢于发表个人见解的孩子以"故意捣乱"的罪名加以封杀。

此时的教师，如果能够因势利导，让大家听一听这位同学的见解，会使全班同学留下终生难忘的一幕。这位同学好学、好问的精神，知识海洋的浩瀚无垠、学生求知的欲望以及教师尊重人、理解人、平等待人的好作风……都会使学生终生受益。同时，教师如果能意识到自己教学中的欠缺，只让同学们看图找有几个角，没有确定平角还是周角的范围，主动向学生表现出虚心效果会更佳。学生还可以看到知识的权威不光是老师，老师也有考虑不周的时候，无形中培养了学生不迷信权威，勤于思考的好习惯。同时学生们也找到了身边学习的榜样，会更加促进今后学生之间的交流、学习和互助，同时也更加敬佩自己的老师，因为教师用自己知错就改的实际行动为学生们树立了榜样。最受感动的应该是这名敢于阐述自己观点的学生。老师如果这样做，他的自信心得到保护。求知欲得到加强、表达能力得到充分展示……这一举多得的做法何乐而不为呢？

当然，得当地处理学生的"唱反调"，需要教师提高自身的素质。我们来看下一个课堂片段：

学习"复数"概念时，老师让学生探究了两个复数相等的条件，在得出结论之后准备转入复数几何意义的研究。

这是，突然有学生发问："老师，复数能不能比较大小啊？"

老师实话实说："复数只能判断是否相等，不能比较大小。"

学生："我觉得可以的啊，先比较……"

老师有点恼火，挥挥手让学生坐下，但说话还是很克制："这个问题比较难，我们下课以后再研究。"

学生很不情愿地坐下了，目光中流露出不解和疑惑……

对于上一片段，我们不妨这样做：

老师："不错哦，老师也想知道两个复数如何比较大小的呢？"

学生："可以先比较两个复数的实部，实部大的就大；如果实部相等，再比较虚部，虚部大的就大。"

老师："很不错的比较方法哦"。学生很得意，神采飞扬。

老师："两个数比较大小要符合三个条件：传递性，加法法则和乘法法则。你想到的方法能够满足传递性和加法法则，但无法满足乘法法则哦。"学生若有所思。

老师："根据你的规定，有 $i > 0$。两边同乘 i，不等号应该不改变方向吧？"学生点头。

老师："但是，$i \times i = -1$，$i \times 0 = 0$，$-1 > 0$ 出现了矛盾！"，学生恍然大悟。

……

由此看来，对待学生的"唱反调"，不仅需要我们有扎实的专业知识，有丰富的教学艺术，更要有一颗尊重、关爱学生的心。

期待我们的课堂上，有更多的学生"唱反调"。

课堂教学不要过多地"显能"

课堂教学要充分发挥学生的积极性、主动性，这是我们不少教师的共识。但当学生的学习热情被充分调动以后，教师如何摆正自己的位置，这又是一个十分重要的问题。

曾看见过这样一堂课。

一位教师讲授毛泽东的词《沁园春·长沙》。整个教学流程，教师真正从"导"的角度，请学生查阅背景资料，对照注释反复吟诵作品；引导学生自己概括、分析、鉴赏，把握作品的内容、形式、题旨、手法及语言的表现力；让学生提出阅读中遇到的问题，并且同学间互相帮助解决问题；由学生根据词的上阕的意境，用散文化的语言表述，或就词中同学畅游的场面进行想象性的描写。所有这些，都充分确立了学生在课堂上的"主人"地位，充分调动了学生的积极性。但就在几位学生朗读了自己用散文语言再现诗歌意境的文字以后，老师把自己课前已写好的文字用幻灯打出来。这位老师很擅长写作。展出的那段"湘江秋景"的文字也确实写得很美，虽然刚才几位同学的作品很优秀，也很有创意，但与老师的作品相比，自然要略逊一筹。于是，全班同学长"嘘"一声，为老师的写作才华而深深折服。

这一片"嘘"声，令我颇有所失，我一下子从兴奋中冷却下来，思考起这一片"嘘"声中所潜伏的信号来：学生由衷地敬佩自己的老师，为老师的才华横溢而叫绝，同时，他们的内心自然也为自己远远不如老师而感到惭愧。这种惭愧，可能带来两种结果：其积极的一面是学生因为发现与老师的差距而积极努力，发奋进取，力争"青出于蓝而胜于蓝"；其消极的一面则可能使学生滋生一种消极意识，认为老师毕竟是老师，学生呢，再有才华，仍是居老师之下，不可能超过老师。很

显然，一旦产生消极影响，那后果是不堪设想的。

现代教育理念告诉我们：课堂教学是老师和学生双主体的生命活动，教师应该成为学生学习活动的积极引导者、主动促进者、合作研究者。这就要求我们的老师要正确地给自己定位，要定在与学生平等、促学生发展的位置上，而不能有居高临下的心态，认为自己总比学生强，想方设法地在学生面前显示自己的才华，因为这种显示，既可能给学生以积极的心理刺激，也可能会挫伤学生的学习积极性，在更深层面上损坏师生的感情。有位特级教师对古典诗词研究颇深，平时作报告或与人交谈，名句佳联常常是脱口而出。但在课堂上，他却很少"卖弄"自己的才华，有时涉及这些内容，他总是努力想法借孩子的口说出来，或让孩子自己翻阅古诗词读本去找。谈到为什么要这么做，他说："学生是学习的主人，更是学习的能人，让他们不是凭老师的传授获得知识。而是靠自己的能力获得知识和学习能力，其功效是任何一个才华超群的老师所难以获得的。再能的老师，如果他的学生'能'不起来，老师也就不成其为'能'。"这位行家的话讲得是非常中肯的。过去，我们在评价老师的时候，比较注重于他的口头表达、解题才能，认为老师能把学生紧紧地吸引住便是有水平。随着社会的发展、观念的更新，人们越来越重视教师对学生的启发、引导能力，教师不应当一直以"智者"自居，把过程和结果娓娓动听地告诉学生，而应当在点拨、引导上下功夫，诱导学生去探究过程，让学生去获得结果，从而真正让学生成为学习的主人，把课堂作为学生施展才华的阵地。

有人说，教育是一种保护。是的，优秀的教师其一言一语、一举一动，都要充分顾及学生的利益，都要考虑是否会给学生带来什么伤害。

从这个意义上说，教师尽量避免在学生面前"显能"，又何尝不是一种对学生的呵护呢？有位校长在布置他的语文老师写"下水作文"时这样说："不要以自己的阅历、凭借自己的阅读面和深邃的思想去作文，而要尽量站在学生的角度，把自己的年龄、思维尽量回归到你的学生这一特定年龄段，这样，你的文章才会使学生感到亲切、自然，才会引发学生的情感共鸣，才会在学生中引起讨论、争执……"这段话是十分耐人寻味的。我们的教师应该与学生一起投入探究知识的潮流，更应注意充分发挥学生的才能，要牢牢记住："一切为了孩子的发展。"

第二章

通过创新走出教学雷区

创新教育不等于教育猎奇

学校是精神生命创造的载体。每一所学校应该创设一种能够充分尊重、完全适合学生生命发展和创造的教育。因为，学校不仅仅承担着完成传递文化知识和技能的任务，教师的教育教学行为也不应该仅仅停留在使学生只知道学习与继承、不知道或者不会创造的水平上。所以，教师所传递的知识应该不断地更新，应该采用适应社会发展的知识传递方式。

教师在教学中应该体现新理念、新手段、新方法，通过对中小学教育的思考与研究，形成一套独特的教育思想与教育理论。

在这方面，我们教育工作者是做了不懈的努力的。在上海、北京，我们一些小学的教室没有讲台，大家认为，教桌是横亘在老师和学生中间的有形"屏障"，没有讲台的教室，学桌围成一圈，老师或坐、或蹲、或站，和同学们融为一体，共同学习，一起讨论，同步探求，形成了良好的创新学习氛围。在别的省市，一些学校的考试"大翻脸"。考试时间，有一小时，有半小时。不拘一格；考试形式，有开卷，有闭卷，有笔试，有面试；考试内容，有书本知识，有生活、社会知识，还有口语测试、操作能力考核；试卷难度，分 A、B、C 三级，同学们可根据自己的实际自主选择。过去学生谈"考"色变，进考场如进"法场"，现在呢，孩子们说："考试的感觉像春天。"目前·全国上下都在大力推进课程改革，大力倡导研究性学习，我们的教师都在不断更新教育观念，想方设法给孩子铺就创造的台阶。毋庸置疑，从教育内容到教育方法、手段的全面创新，必将大力推进我国基础教育的发展，必将使我们培养的人才能真正适应"面向现代化、面向世界、面向未来"的时代要求。

作为一种观念和行为，教育创新应成为教育工作者的自觉，这种自觉，源自于对教育本质的深刻理解，源自于对教育规律的得心把握。如果不是这样，也要煞费苦心地赶"教育创新"的时髦，那就会走人误

区，弄出许多啼笑皆非的事来，得到一个"画虎不成反类犬"的效果。

有一所幼儿园，只有20多个小朋友，两位老师也是没被中心园选中的"落榜者"。不知是出于何种考虑，她们竟借助媒体，打出了"幼儿开英语课"的广告，结果还就蒙住了一部分家长。

试想，一所村办幼儿园，师资条件很差，能把汉语教好就很不错了，却去教幼儿英语，除了想制造轰动效应以外，没有什么实质的意义。

在辽宁大连某中学，一位初一语文老师在教完新课文《生命，生命》后，在向六个班300名学生布置写周记时，要求这些十三四岁的孩子为自己写一篇悼词：假设自己死了，然后再用一篇悼文的形式，追忆自己的一生。

这个作文题确实令人"耳目一新"，可想来想去，总觉不对劲儿：一是十几岁的小孩，有多少值得追忆的地方？二是十几岁的孩子就为自己写悼词，孩子会怎么想，家长如何看，那层不吉利、不愉快的"阴影"不就罩在了一个个家庭的头上？因此，这个作文题无论怎么看，都不是创新，而是猎奇。

教育创新不应是追求教育形式、方法上的与众不同，不能流于为产生轰动效应而标新立异，别出心裁，而应以培养学生的创新精神和实践能力为旨归，注重在教育教学的整个过程中，努力创造问题情境，努力激发学生的创新热情，从而促进学生去主动探究、合作地投入学习活动，努力实现内容和手段的高度统一，目标和形式的完全一致。

某省实验小学在组织红领巾电视台小主持人大赛时，让人们深深感到教育创新外显形态与内在功力的和谐交融。比赛，他们致力于学生参赛感的孕育，激励孩子产生"当小主持人，我能行！"的冲动，让他们体验竞争；各组产生了竞争对手，则由孩子们自己分工，小组合作，为参赛者献计献策，"让我来包装你！"孩子们在体验中合作；决赛前，

班上有一技之长的孩子各显神通，主持的、设计布景的、摄像的、联络的，各就各位，大家有一个共同认识：我是幕后英雄！从而体验服务；比赛时，做观众的自觉为比赛欢呼、喝彩，给队员以赞许、鞭策、鼓动，在"当一名文明观众的过程中，体验赏识；而参赛的小选手则情绪饱满地主持，各人都能满足自己的憧憬和希冀，在"我们成功了！"的欢呼中，队员们体验着成功。

纵观这次活动，活动的形式设计非常有新意，活动的顺利展开，激发了学生的竞争意识，养就了学生合作的习惯，树立了学生服务的观念，让他们学会赏识，获得成功，培育了他们多方面的情感和才能。不难想象，长期、反复、不断的实践，让学生在角色中体验，在体验中感悟，在感悟中自我发展，这种教育无疑是教育的较高境界。

总之，教育创新是必需的，但不能猎奇。

求同存异

有这样一则故事：一个跨国公司决定辞退一位员工时，这位员工以具有 30 年工作经验为由向公司老板申诉，不料老板回答他道："不，你只有一年经验，只是将它重复了 30 次！"这句话耐人寻味。一些教师为什么从教几十年，总是那一套教学方法，缺乏新意，更谈不上创新，教学成绩平平，这与他们缺乏问题意识，不善于思考，迷信书本，机械教条有关。我们的一些教师还没有意识到，如果不思进取，那么将要面临被淘汰的危机。

缺乏危机意识的人，其生存意识越薄弱，变革的意愿就越小，创新的动力就越弱，也越容易在竞争中被淘汰。

一只青蛙落到了冷水锅里，它一点也不紧张，在锅中缓缓地游动着，但是锅中的水正被慢慢地升温，等到青蛙觉得有危险的时候，已经没有力气跃出这口大锅了，最后只能慢慢地死去。如果它落到热水锅里，那它会立即觉察危险，一跃而起脱离险境，决不会落到被煮熟的境地。为什么？在两种不同的环境中青蛙的反应是完全不同的，前者消极、被动，而后者敏捷、主动，所以采取的行动和结果也迥然不同。

这个故事告诉我们要居安思危。舒适、顺利的时候往往会埋下失利的隐患，潜伏着危机的信号。如果摆脱不了旧有框框的限制，就会使自己的斗志逐渐消磨，不思进取。这个故事同时也告诉我们要防微杜渐。任何一个变化都是从一些细微处逐步开始的。

创新实际是一场变革、一种革命，而且往往是缘于困境，面临着失败和挫折。这就需要有一种锐意进取、知难而进、百折不挠的锐气，所谓"穷则思变"就是这个道理。

德国有一位造纸厂的工人，一次因粗心大意弄错配方，出了一批不能书写的废纸而被解雇。这位不甘失败的工人对这种废纸的性能进行了

研究，发现其吸水性特别好。于是他廉价买下这批废纸，切成小块出售，称之为"吸水纸"，并且申请了专利。这位工人之所以因绝境而"发明"了"吸水纸"，是因为他在困境中具有解决问题的意识和品质。

教育领域中扼杀教师、学生的创造精神、创造力的一个重要因素就是"求同伐异，压抑创新"。求同本身并没有错，但是只关注"求同"的统一性，而不注意"存异"的多样性、特殊性，就会影响教师、学生的个性发展，严重打击他们独立思考的信心，直至使他们丧失了想象力、创造力，最终形成善于揣摩、迎合他人、见风使舵的奴性。

李大钊在《应考的遗传性》一文中指出："中国人有一种遗传性，就是应考的遗传性。什么运动，什么文化，什么制度，什么事业，都带着些应考的性质，就是迎合当时主考的意旨，说些不是发自本心的话。甚至把时代思潮、文化运动、社会心理，都看作主考一样。所说的话，作的文，都是揣摩主考的一种墨卷，与他的现实生活都不发生关系。是什么残酷的制度，把我的民族性弄成这样的不自然！"

我们的教育理念、教育行为的种种失误，充分印证了这一点。譬如，我们所追崇的"标准答案"在很多情况下排斥了学生、教师的异想天开甚至是合理的想象。一个出版社出版了一本小学数学参考书，涉及到"对应关系"的知识，列举若干事物让学生划出其间的对应关系。其中，"小鸟"的对应物，参考书所给的答案是"笼子"！为什么不是蓝天或森林？更为严重的是，这种"标准答案"却决定着学生的考试分数，决定着对教师教学质量的评价。

创新型教师不应该迷信"权威"、迷信教条、迷信"标准答案"，也不能迷信自己过去的条条框框，要敢于"怀疑一切"，具有批判、质疑的精神，甚至也要敢于否定前人、否定自我。当然，在具有批判精神的同时还应该具有批判的意识与能力。应该对出现的新事物、新问题具有较高的敏感度，能够及时捕捉相关的信息，及时采取相应的对策；在具体的教育教学实践中，通过学习不断地形成自己的个人理论，不断地提高自己处理复杂问题所具有的能力素质。21世纪的教师不能局限于"传道、授业、解惑"的传统教育的传授方法，应该通过教育创新，更新教育观念，掌握新的教育教学的方法和艺术。

创新不是故弄玄虚

有位老师上《螳螂》一课，一上来就让学生猜谜语："肚子大，脑袋小，手拿两把大镰刀，别看样子长得笨，捕捉害虫本领高"。老师还没有把谜语说完，学生已在下面异口同声地说是"螳螂"。

这不得不让人产生质疑：既然同学们都知道是怎么回事，为何还要让学生去猜？是为了激发兴趣，还是拓宽视野？我以为是在浪费时间。无独有偶，有位老师教《风筝》一文，或许是为了吊学生的"胃口"，老师手上拿了一只"哨口"，问学生这是什么，学生没见过，自然不知道。不知出于什么考虑，老师不断地请学生回答。我想，既然大家都不知道，老师就应该直接地告诉学生，何必要绕来绕去，这分明也是在无视课堂的宝贵时间。学生明明知道，却要让孩子去猜；学生明明不知道，却一股劲地要孩子说。两个例子，殊途同归，都让人感到不可思议。课后我与执教者交换意见，他们都表达了这样的观点：新课改倡导自主学习、探索学习、合作学习，要激发学生学习兴趣、唤起学生生活感知，让学生通过合作去掌握知识，所以老师不能把结果直接告诉学生，而要想方设法让学生成为学习的主人。不能说老师的想法不对，但他们理解新课改也确实理解偏了，一偏，不但不能收到预期效果，反而高耗低效，甚至无效。为此，我还是主张我们的教师要实在一点，实效一点，根据教学实际，采取相应教法。故弄玄虚，有时会弄巧成拙，甚至南辕北辙。

上课故弄玄虚，其实暴露了为师者的两大缺陷：一是对自己的学生不了解，不知道孩子们什么已经懂了，什么还不懂，从而使教学陷入主观性、盲目性，缺乏真正意义上的人文关怀；二是教学缺少自然纯朴的教风，哗众取宠、不切实际，有意无意地去制造"效应"，失去了教育的科学性、有效性，丧失了教育求真求实的本质要义。从这个角度来说，教学中的故弄玄虚，其危害是很大的，尤其是在课程改革迅猛推进的今天。面对传统教育观念和行为受到挑战、新教育理念如雨后春笋般

涌起的形势，我们教育工作者更应清醒自己的头脑，要准确理解课改的总体目标和具体目标，以更扎实有效的工作作风，胜任新课改向我们提出的目标要求。

首先是要真正"蹲下身子"，和学生真正成为共同的"学友"，从而实现有效教学。

一个老师，无论他有多厚的功底、多高的水平，如果对自己的学生知之不多，只是根据自己的思考去实施教学，那很可能"无的放矢"、"对牛弹琴"。因此，我们不仅要从理论上了解不同时段孩子的知识结构、生活阅历、心理特点等，更要对自己所教班级的学生深入了解、逐个认识，从而确保让自己的学生能真正获益；其次是要真正转变教学作风。陶行知先生早就说过："千教万教，教人求真。千学万学，学做真人。"要让学生"真"，教师自己要先得"真"，要力戒华而不实、浮而不沉的教风，一切从实际出发，知道学生不懂的，就简明扼要地告诉他们，需要学生思考的，则给以必要的点拨、引导，明明不需要学生合作的，则不搞那些花架子、走过场的形式……

课堂的时间对学生来说非常珍贵，每一分每一秒必须充分发挥它的作用。正是从这个意义上说，课堂教学要实实在在，注重效果，切不可随便支付，肆意挥霍。一切的故弄玄虚都要力戒，一切的虚幻景象都应消失。课堂教学如此，一切教育行为皆然。

不为创新而创新

这是一节乡级评优课，老师在课下做了精心的准备，很想在此次评优活动中获奖。

评优课这天，上课铃刚刚响过，老师走进教室，打破常规（没有让全班同学起立）地直接导入新课。

"同学们，今天我们来学习'台风'的内容。"王老师用洪亮的声音说。并拿起粉笔在黑板上板书"台风"。"什么叫台风呢？有没有人回家看书，自学了书上的内容？"老师的话音刚落，班上有同学举起手想回答。老师边叫同学回答边表扬同学们学习的热情和自学的积极性。但一个个答案都未能使老师满意。大家怀着期待的目光，盼着老师讲出准确的答案。而老师却把这作为悬念留了起来，先讲了台风的分类、台风给人类带来的利、害等等内容。全堂课老师讲得津津有味。

最后，老师好像认为吊学生们的胃口已经到时，大声地说："同学们，我们已经了解了很多有关台风的知识，那么到底什么是台风呢？"待全班同学注意力全部集中到老师的面部时，老师认真地说："台风，就是从台湾刮来的风。"并随后用红色粉笔写在黑板上，加上了下划线。

当老师把自己创造的"台风"定义写在黑板上，并加了下划线以示强调时，课堂开始骚动。同学们小声议论，好像对此持怀疑态度。"老师，按照您的说法，台风只能中国才有啊？因为只有中国有台湾。"一个身材魁梧的同学站起来向老师发问。

"哎——，不是，其他国家也有。因为台风可以绕弯、搭群地刮过去。"老师回答着。

"老师，书上怎么不是这样说的呀？"又有一名同学向老师发问。

"我常跟你们讲，不要死读书，读死书。要创新，要拓展自己的知识面，要开阔视野，把知识学活……"老师解释着。

下课铃响了，这节课就这样结束了。

　　这节课虽然教师做了精心准备，但终因教学内容具有科学性错误而没能评上优秀课。从教师的其他方面，如教学环节、教学方法、教学的组织形式等方面做得都比较好。课下，学生们围着教师继续探讨。该教师因为是一位老教师，平日与学生关系很好。对学生的追问，出于无奈，只好说："我们各自都回去查查资料，看有否此种说法。"其实，此时的教师心里是忐忑不安的。因为他自己清楚，台风的结论纯属自己编纂的。

　　这则案例中，该教师认为自己在教学中要有所创新，故此在课上毫无科学依据地创造出自己认为正确的"台风定义"。在课堂交往过程中，注意启发学生，调动大家的积极性。从学生对老师所出示的结论持不同态度来看，学生跟老师关系较好，有不同意见就敢向老师提出，从这一点来说，这位老师平时注意跟学生交流，而且能做到平等交流。但就教师对知识的传授出现科学性的错误这一点可以肯定地说，教师的严谨治学不够。毛泽东同志曾经说过："知识的问题是一个科学的问题，来不得半点的虚伪和骄傲。"科学是老老实实的东西，不允许在其中发挥什么灵活性。

　　教学不仅是单纯地传授知识，教师通过教学，留在学生心目中的人格形象，是教师在知识的传授过程中培养学生的科学精神、做人的方法时清晰明朗起来的。教师不应以"总是正确的指挥者"的面目出现，而应表现出自己"也想不明白，只是有这样一个想法"。这样以问题引入的方式，鼓励同学们课下查阅大量资料，更有利于调动学生主动学习的积极性，培养学生不迷信"权威"的进取精神和创造意识。

　　真诚与真才是教师吸引学生的两大法宝。学生对教师有很敏感的情绪取向和专业取向。真诚是师生间情感联系的黏合剂，是把教与学组合成统一体的化合物，是师生课堂交流中的化合物，是教师取信于学生的一个重要资本。

　　教师，切忌为创新而创新。

追求开放式教学不可淡化教学任务

我们常常见到这样的场景：课堂上，老师提出一个问题，学生的回答有时灵气四溢，有时成竹在胸。而此时，老师却只作简单的肯定或否定，或频频点头，或模棱两可，或闭口不言，也不作任何讲解、评价和示范……而学生也云罩雾里，不辨是非。这样，对学生运用知识理解、判断、分析起着很大的误导作用，最后必然导致学生无所适从。直到练习巩固时才发现大部分学生并未掌握新知识。

也有些老师为了显示课堂的开放性教学，让学生对问题各抒己见，老师自己则站在一旁，一言不发，成了旁观者。为了"民主"，为了"探究"，学生们一个又一个地站起来讨论，公说公有理，婆说婆有理。一直到下课铃响，老师才走上讲台，夸奖发言的同学说"你们的见解都有道理，都很深刻"，就这样结束了一堂课。这堂课看起来讨论很热烈，实际上由于老师没有引导点拨，该讨论的问题没有讨论好，该明确的问题没有明确，该完成的教学任务没有完成，致使学生的讨论走进了死胡同。

上述这些现象都让开放式教学陷入一种低效状态，除此之外，开放式教学还存在以下误区：

（1）片面理解开放教学的实质。在教学活动中，有的教师片面理解了开放教学的实质，认为所谓开放就是多学科、多知识、多网络环境下的综合性学习。一时间，课堂上又是唱又是跳，又是算又是画，似乎热闹得很。但事实上，这只是开放教学的"形"而已，离其"神"还有相当的距离。

（2）教师的主导作用明显弱化。虽然新课程标准提出我们必须要实施开放式教学，强调教师要关注学生的个性差异，实施有差异的教学，使每个学生都得到充分、全面的发展。让学生有更大的学习空间和更多的思考余地。然而，当我们审视这些课时会发现，虽然学生在课堂上表现的"轰轰烈烈"、"积极主动"，可是他们却并没有获得知识。在

开放式教学中，某些教师只是布置一下学习任务，到时来验收一下就可以了，至于学习的过程那是学生的事。而忽视了对学生参与学习的深度的把握，特别是忽略了对学生参与的实际可能性的分析，认为只要给学生开放的学习空间，让学生畅所欲言，这样学生就会主动的掌握知识，而忘记了教师在课堂教学中是"指导者"的身份。

（3）开放式教学的评价滞后。开放式教学为学生的知识与能力，过程与方法的体现，构建了一个不断生成、不断转换的评价平台。但从目前来看，有很多的开放式教学并无建立评价机制。评价大权依然掌握在教师的手中，学生学得好不好，教师说了算；学生学得好不好，要看答案对不对。由此我们可以看出，教师在开放式教学的评价之中仍未能从高高在上的权威上走下来，标准答案的惯性思维仍然左右着教师，从而影响着学生的学习的方式——只求结果，不问其他。在开放式的教学上，只要我们单一的结果性评价体制不发生根本性的改变，就很难从根本上改变学生固有的学习方式和方法，也就很难有真正意义上的开放式教学。

为了真正走出开放教学的误区，教师还应该明确开放性教学的内容。开放性教学的内容分为 4 个方面：知识的开放、情感的开放、活动空间的开放、评价的开放。

1. 教学内容的开放

（1）立足教材。在课堂教学中，教材对教学的作用是不可忽视的，因为教材是一种特殊的读物，是教学用书。特别是在新课程标准指导下的教材，在内容上力求开放、富有活力，充分考虑了学生的兴趣和需要，是教师和学生学习的重要读物。因此，课堂上用好教材是首要的。

但是教师对知识的传授不应是照本宣科，甚至仅限于考试的内容，应尽可能开阔学生的视野、拓宽知识面。首先，对教材中的实习作业和"读一读、想一想"等探索性的问题，教师应开放地引导学生去探索、思考，而不要认为这些内容不考试，就不教学，这显然与"培养学生的学习兴趣、探索精神和创新意识"相违背。

（2）跳出教材教学。教学绝不能仅仅局限在教材和课堂本身，应拓宽学生学习和运用的领域。①注重跨学科的学习，各学科教学中蕴含着丰富的材料。一般来说，语文书上的语言以文学语言居多，具体、生

动，而数学、科学等学科的书面语言则概括、简练，这样的语言形式和表达风格同样也是学生需要的。因此，教师应鼓励学生在各学科大胆发言，自觉吸收、运用其中的语言。②运用现代科技手段丰富学习的内容和形式，如录音、录像、幻灯、电视、电脑、网络，利用这些大量的信息和精彩的图片，可以为我们教学提供用之不尽的资源。

2. 情感的开放

人的任何行为都包含着丰富的情感，但是，积极的情感总是给人以良性的发展，而消极的情感阻碍人的发展水平。由此可见情感对人的重要性。而学习过程又是以人的整体的心理活动为基础的认知活动和情感活动相统一的过程。认知因素和情感因素在学习过程中是同时发生、交互作用的，它们共同组成学生学习心理的两个不同方面，从不同角度对学习活动予以影响。而以往的教育常把课堂教学看作是一种特殊的认识活动，课堂是从事这种特殊认识活动的场所。在这里，一切都为着知识而存在，教师为传授知识而存在，学生为接受知识而存在，以知识为中心，以教材为中心，以教案为中心的现状主宰了整个课堂，课堂变成了教师与学生"买卖"知识的"交易所"，从而造成教师与学生人格风貌一定程度的萎缩。新课程标准在"教学建议"中郑重提出要"重视情感、态度、价值观的正确导向"。因此，培养学生高尚的道德情操和健康的审美情趣，形成正确的价值观和积极的人生态度，已成为教学的重要内容，不应把它们当做外在的附加任务。

（1）平等对话。传统教育观一贯主张"师道尊严"，教师更是以"权威"、"主宰者"的严厉面目出现。学生只有唯唯诺诺、恪守成规才会合老师心意。要消除师生之间这条无形的心灵鸿沟，教师必须进行换位思维，进行角色转换，重新定位师生角色，构建一种新型的师生关系，即"老师＋家长＋朋友＋学生"。首先是老师，对学生传道授业，严爱有加；其次是家长，对学生要有浓浓亲情，无尽关爱；第三是朋友，与学生友好共处，打破等级观；第四是学生，教学相长，不耻下问。使师生之间产生一种强烈的情感共鸣，以便教学过程在轻松自然、和睦愉快的气氛中运行。

（2）情感参与。课堂教学不仅是学生认知发展的过程，更是学生情感发展的过程。若课堂上没有学生的情感参与，教师即使是舌干唇

燥，苦口婆心，学生也只会无动于衷。教师唯有以情换情，才能使课堂教学在情感的碰撞融合中闪烁出美丽的火花，才能掀起一个又一个的教学高潮。

3. 评价的开放

新课程标准要求评价既要关注学生知识技能的掌握，也要重视学生学习过程与方法，更要重视情感、态度、价值观的形成与发展，并用"多把尺子"评价学生，使学生的潜能都得到发展，感受到学习成功的喜悦，增强学习信心。

（1）分层评价。尊重学生个体发展的差异性和独特性的价值，针对不同的学生个体差异性和个性化特征，采用不同标准对学生的学业和成绩进行评价。对水平较高的学生用目标参照标准，对水平较低的学生用自我参照标准。看发展进步，现在与过去比，有进步、有提高就应得到好评；看学习态度，只要学生学习努力，虽然成绩不够理想也要给予高度评价。使所有学生都得到满意的评价结果，自然就鼓舞了所有学生的学习信心，也坚定了教师提高所有学生学业成绩的信念。

（2）定性评价。定性评价主要指评语的形式，在评语中客观、全面地描述学生的学习状况，更多地关注学生已经掌握了什么、获得了哪些进步、具备了什么能力、在哪些方面具有潜能，并帮助学生明确自己的不足和努力的方向。因此，教师在教学实践中可以采用定性评价的方法。比如，在学生的作业或考试卷上，除了有优、良的等级或分数外，还可以加上简短的意见或建议：一张笑脸，或"你真棒!"、"老师相信你有能力改正自己的错误"，这类激励、质疑、总结性评语。这样的评语能引起学生的注意和思考，有利于学生扬长避短，不断进步。

（3）口头评价。现代心理学表明，当学生的某种良好行为出现之后，如果能及时得到相应的认可，就会产生某种心理满足，形成愉悦的心境，并使同类行为向更高层次发展。而口头评价作为师生交流的有效方式，贯穿于课堂教学的始终，教师那些看似平常的话语，能够极大地激发学生的学习兴趣和主动参与的积极性。因此，教师口头评价应达到"实、准、巧"三个标准。具体来说，"实"要求教师的评价对学生的回答能起到切实可行的指导作用，不是华而不实的；"准"要求教师的评价能切中要害，不模糊；"巧"要求评价能讲究技巧，使学生乐于接

受，追求幽默感。例如：一个同学在朗读课文时，声音比较悦耳，但语速过快，感情不够投入，老师可以评价说："你的声音真好听，不过要是能加上表情，语速再稍慢一点就更能传情达意了，不信，你试一试！"

总之，开放式教学绝不是"放羊式"教学。开放式教学，应该是鼓励多元答案，让学生展开发散思维。但绝不可忽视答案的客观性、科学性，对不准确的错误的应该指出来，并帮助学生改正。此外，教师在课堂上要对开放时间、开放内容和开放程度上把握好"火候"。争取给学生创造一个立体化、民主化、多边化和生活化的自由空间，使学生具有一个展现自己个性的宽松氛围。

不要过于重视课前设计

在我们常规的课堂教学中，学生围绕教师转的现象极其普遍——教学内容、教学过程、课堂提问设计，无一不是老师早已预设好了的，学生在课堂上其实就是被老师牵着鼻子走，学生的主体性并没有真正体现。而课堂教学是一个动态变化的过程，教师面对的是个性迥异学生，因此教学中难免出现意外的变化，甚至会出现一些干扰教学的不协调因素。请看下面的教学实例：

一位语文老师在上《五彩池》一课时，问学生："面对如此美丽的五彩池，你们想说些什么？"，本以为学生会顺着他预先设计的思路，说一些如"我真想亲身到四川的五彩池去看一看。"等之类的话。然后这位老师便可用"既然大家那么喜欢五彩池，那我带领大家一起去游一游课文中的五彩池，好吗？"一句话将学生引入本已设计好的幻灯片。谁知，一个调皮的学生却提出了一个老师事先备课时根本意想不到的问题。他问："老师，五彩池这么美，我真想到五彩池中去游泳。五彩池里能游泳吗？"

这个学生的问题让老师陷入了尴尬，于是，这位老师便恼羞成怒地当着全班将"捣乱"的学生批评了一番，光批评就占用了 20 分钟时间，导致这课堂的教学任务荒废。更重要的是，从那堂课以后，每逢那位老师上课，那个挨批评的调皮学生不是打瞌睡，就是开小差，学习成绩也是直线下降。

"非预设性教学"已成为新课程课堂教学的重要特征。但是有些教师却像案例中的老师一样过分依赖、过分局限于课前设计的教学环节，刻意去关注板块教学的设计模式，一味追求完善，而忽视了课堂教学中的流动美，对课堂教学中"意外"的动态生成的教学资源缺乏应有的敏感，不能够及时加以捕捉并给以艺术化的加工、处理，使我们的课堂

教学失去了真实自然，失去了培养学生思维能力的机会。

课堂就像一个小世界，每节课都避免不了要发生这样或那样突发性事件，教师时常都可能受到这样或那样的触动或干扰。但对于一个有经验的教师来说，他能够敏锐地发现突发事件中的积极因素，通过巧妙的处理，化被动为主动，化平凡为神奇，将一些看似与教学过程毫无关联的成分，有机地组织到课堂教学中来，从而使学生有所感悟。这就要求教师在教学过程中必须具备准确、深刻、细致、敏锐的观察能力，通过观察，察觉出突发事件、特殊情境与教学目标之间的偏离度或契合度，冷静沉着，准确判断，控制好自己的情感、行为、表情、言语，抓住有效信息，充分发挥教学机智，及时有效地调控教学过程。下面请看教学实例：

一次作文课上，一位老师把某学生的作文当成范文在课堂上讲评，正当老师兴致勃勃的刚读了几句时，不知道哪位学生在下面说了一句"她是抄来的。"一石激起千层浪，紧接着，又有几位同学附和着说："没错，她是抄来的！"课堂上立刻出现了一阵骚动，一些同学已经"呵呵"地笑出了声。很多人都把目光投向这位写作文的同学，满脸轻蔑。而此时这位平时很内向的女同学已经趴在桌上哭了起来。望着这突如其来的事件，老师有些不知所措，真想狠狠批评惹事的同学，叫他们闭嘴。但仔细一想这样做不仅不能够平息这场风波，而且自己也已经事先制定了教学计划，时间不允许他在上课时调查真相。为了避免事态的进一步扩大，这位老师改变了初衷，镇定下来开始问学生："同学们，你们觉得这篇文章好不好？""好是好，可是……"老师立刻打断了发言的学生并再次强调说："我问的是这篇文章好不好，不管其他。"学生说："好！""好就请同学们听听，看好在哪里？这样好的文章我以前读的不多，同学们可能也读的不多，以后多给同学们推荐一些好的文章，在班上交流，你们觉得怎样？""好""那对今天第一次为我们推荐优秀文章的同学大家说该怎么办呢"学生齐说："谢谢！"当全体同学都心领神会时，那位老师接着说："今后我们轮流推荐，不过，如果推荐原文，请别忘了标明出处和作者。好吗？"这时那位老师望着写作文的同学时，发现她已经抬起了头，眼睛里闪烁着感激的泪光。就这样原

本剑拔弩张的课堂气氛得到了缓解，避免了在有限的课堂教学中旁生枝节，同时也保护了学生的自尊心。

这个课堂实例，我们可称之为"非预设性教学形态"。传统的预设性教学形态只是按着教师预先的设计"走教案"，较少关注学生的发展，关注学生在课堂上的生命状态。让"死"的教案支配和限制"活"的学生，制止了他们在课堂上思想和生命的活力，使原本鲜活灵动充满情趣的课堂变得机械、刻板与程式化。于是在传统的预设性教学形态中，教学设计便成为了一种单纯的技术行为。传统的预设性教学指导下的教学设计，成为一种线性的、凝固的预案，不仅教学目标不能变动，教学过程环环相扣，教学结果可以预料，甚至连每个环节花几分钟教学都预先规定，忽视的恰恰是课堂教学中最重要的因素——学生的发展。

为了帮助我们走出预设性教学误区，我们应该了非预设性教学形态具有的特点：

（1）课堂教学的重点难点及问题不是教师一厢情愿预先设定，而是随着教学进度的逐步推进由师生双方在特定的场合、特定的情景、特定的气氛、特定时空下互动生成的，非预设教学中的重点与难点更具有现场性、动态性、灵活性。

（2）非预设性教学形态中的思维流势不是一味由教师流向学生，而是在教学进程中师生的相互对撞、师生相互接纳的过程。

（3）非预设性教学形态相对于传统的预设性教学，它淡化了教学环节的完整性，更注重的是学生学习的质量，师生双方互动的质量。

（4）非预设性教学并不等于漫无目的，让学生随便乱说一通，更不意味着教师不做任何计划和构想，相反，这样的教学对教师提出了更高的要求，教师必须在更宽更深的层面去充分构想和设计。如学生可能从哪个角度提出问题、发表见解？如果自己认为很重要的问题学生却言有不及，自己怎样去补充？这些都是老师课前应有所准备的。

（5）要充分认识到同一阶段学生学习情况的差异并及时做好调整，即考虑到教学环节中的变量因素。认知程度不同的学生在提问以及问题解答上都存在着差异。如在实验班教学时，学生基础好、思维活跃、发言大胆积极、表现欲强、语言组织及表达能力让老师都大为赞赏，教师

发言不多，所做的仅是课堂教学的组织者而已；在平行班教学时，教师应针对学生基础较差的情况，适时降低教学难度，可以相对延长重难点的讲解时间，然后在此基础上让学生进行讨论，并积极创设条件，发挥教师"导"的作用。

　　总之，教学过程中的"节外生枝"现象是课堂活动过程中必然遇到的问题。教师可以机智巧妙地利用外物的刺激而产生的灵感，即兴发挥，随机调控，从而把干扰教学的消极因素、离散因素迅速转化为积极因素。

不把"听懂"当"学会"

在课堂上，我们常常会遇到以下场景：

课堂上，教师讲完一个知识点后，问学生："听懂了没有?"。学生："听懂了!"。堂上一呼，阶下百诺，教师洋洋得意，自以为学生学会了。这样的结果往往是"堂上懂"，"课下懵"。

其实，即使这样的所谓"听懂"也只是一种假象。学生智力有高低之别，思维有快慢之分，这样的听懂只是部分人懂，要真正达到尽可能的好效果，必须让每个学生都有思考的空间，最大多数可能的懂，并非教师讲懂，而是同伴交流而理解后的懂。显然，很多像案例中的老师一样都把"听懂"当成"学会"，从而都不同程度地存在着一些误区。

（1）教师讲得清，学生就听得懂。教学过程中，教师常会遇到这样的情况：刚开始教学生的时候总感觉自己明明讲得很清楚，可学生就是听不懂。"讲"是教师传授知识的主要方式；"听"则是学生获取知识的主要渠道，教师清晰透彻且带有启发性的讲解是学生掌握知识的先决条件，然而，教师讲得清，学生却未必听得懂，往往教师讲得头头是道，学生却如坠云雾，如果教师讲课只顾自己津津有味，不顾学生的反馈信息，教师与学生的的思维则不能同步，学生只是被动地接受，毫无思考理解的余地，这样不是听不懂，便是囫囵吞枣。

（2）教师觉得简单，学生就学得容易。常常看到教师这样埋怨学生，"这么简单的题都做不出来"。殊不知，教师与学生的认识水平和接受能力存在着很大反差，就学生而言，接受新知识需要一个过程，如果用教师的水平衡量学生的能力，那么往往达不到教学效果。况且，有时教师对教材的难点不清楚，习题讲得不透彻，也会导致简单问题变为学生的难点。

（3）课堂45分钟讲得越多越好。力争在尽可能少的时间内解决尽

可能多的问题，这是教师提高课堂教学效率的一个目标，但是，提高课堂效率，必须紧扣教材，围绕重点，充分考虑学生的实际，并不是讲得越多越好，课堂教学任务完成的好坏与否不能只看容量的大小，关键应看学生对所学知识的掌握程度和能力培养的效果。

（4）学生听懂了，所学知识就掌握了。教师在教学中常常忽视这个问题，而造成上课一听就懂，课后一做就错的现象。课堂教学中，对学生回答问题，有些教师总是想方设法使之不出一点差错，即使是一些容易产生典型错误的稍难问题，教师也有"高招"使学生按教师设计的正确方法去解决。这样就掩盖了错误的暴露以及纠错过程。

认识了误区，那么我们怎样走出误区呢？

（1）为了做到教师讲得清，学生听得懂，教师必须努力改进教学方法，精心设计教学过程，严格按"教学性与量力性相结合"的原则，把握起点，突出重点，分清难点，用事先准备好的语言，由浅入深、由易到难地将知识教给学生。在课堂的空余时间段内让学生通过主动探索后发现知识，领悟所学。同时要及时反馈信息，加强效果回应，对未听清之处给学生以二次补授的机会，及时扫清障碍，将学习上的隐患消灭在萌芽状态。

（2）在教学时，必须全面理解学生的基础与能力，低起点、多层次、高要求地施教，让学生一步一个脚印，扎扎实实学好基础知识，在学习过程中提高能力。

（3）教师应该潜心钻研教材，在明确教材系统及其主次的基础上，灵活自如地驾驭教材，凭着自己对教材的切身感受去适度地旁征博引，合理地拓宽加深知识面。宁可少些，但要精些，果断删去与主题无关的内容，切实给学生编织出一张完整的知识网络。

（4）教师在教学中，通过一两个典型的例题，让学生暴露错解，然后与学生共同分析出错误的原因，学生就能从反面吸取经验教训，迅速从错误中走出来，从而增强辨别错误的能力，同时也提高了分析问题和解决问题的能力。同时，要想少出错，教学中就应该以积极主动的态度对待错误和失败，备课时可适当从错误思路去构思，课堂上应加强对典型思路的分析，充分暴露错误的思维过程，使学生在纠错的过程中掌握正确的思维方法。

总之，"听懂"和"学会"是两个概念。听懂，只说明理解了，明白了，离会做题，完全掌握知识还有一段距离，或有一段相当大的距离。知识的掌握，能力的迁移，必须要学生亲自动手，亲自实践才能真正掌握和形成。学生没有充分的练习，只满足于听懂是远远不够的。因此，针对这种现象，教师应努力挖掘课堂教学的潜能，精心安排课堂教学结构，全面展示知识发生发展过程，并发挥学生的主体作用，充分调动学生参与教学的全过程，让学生能在探索中理解知识、掌握方法。此外，教师还要不断地阅读、思考，不断提高自身素养，并促进学生思考，和学生们交流自己的疑惑和观点。保持广泛的能力和兴趣，在课堂上求创新、在交流里求竞争、在学习中求发展、在教研上求提高，逐步达到教与学的最佳耦合。

告别"拖堂"

我们先看看下面的案例：

①"快点吧，快点吧，时间快点走吧！我实在是憋不住了！"一位学生边看手表边喃喃自语。下课铃终于响了，可是数学老师却把时间往后又倒了五分钟，嘴里还说着："怎么这表又快了五分钟……"这位学生真的憋不住，但对老师说："我要去小便。"而老师却答道："等一会吧，再有五分钟就下课了。"

②下课铃声响了，但是，因为正在让学生默写单词，英语老师却置铃声若罔闻，继续"耗"下去，尽管学生因为下课了而局促不安，老师仍然若无其事，直到学生把默写的单词交上来以后，这才一声令下：同学们下课了！

这是两位同学的真实故事。这个故事却突出了一个问题——拖堂。

拖堂，即教师不能按时下课，拖延下课时间的一种不正常现象。有的教师拖堂少则两三分钟，多则四五分钟，更有甚者拖至下节上课铃响。拖堂已被纳入"教学事故"，可是此现象从小学到初、高中仍然屡见不鲜。长期以来，司空见惯，许多教师对"拖堂"这一细节习以为常，认为它无伤大雅，甚至认为是对学生负责的表现。因此走入了拖堂的误区。

（1）教学课程表形同摆设。教学课程表是师生共同严格遵守的教学规程和作息制度，反映了学生身心发展的规律和要求。教师的课堂教学一旦拖堂，学生不满情绪随之而生，教学效果可想而知。另外，教师经常性的"拖堂"有损师表和校风。孔子说："其身正，不令而行；其身不正，虽令不行"，要求学生有时间观念，可老师却经常性的上课拖堂，那就会使教育效果大打折扣。

（2）拖堂是为了学生。有许多的老师认为拖堂是责任心强的一种

表现，是争分夺秒灌输知识，是为学生好，因此便出现了年纪越大的老师越热衷于拖堂的怪现象。社会、家庭，包括家长、学生对教师的拖堂表示理解，甚至"包容"，在一定意义上也"纵容"了拖堂现象的增多。

（3）课堂教学安排不科学。一节课45分钟是经过多年实践总结出来的科学规律。一节课讲授多少内容，怎样安排和训练也有一定的要求。教师在备课时一定要合理安排，否则随心所欲，讲到哪算哪，就违背了教育规律。有些老师由于自身素质有欠缺，不了解《教学大纲》的重难点，或没认真备课就上课，就会没计划教学，自然就会出现拖堂的现象；有的老师上课没经验，在教学活动中，有时出现了一些意想不到的情况，以致下课时间已到而教学任务不能如期完成。而老师又不愿紧急"刹车"，于是主观上好心的老师造成了"拖堂"。

（4）部分教师心理不成熟。老师上课拖堂，是因为他要把上课没有讲完的内容全部告诉学生，根本不相信学生的理解和自学能力，只有面面俱到，教师才能放心。这足以反映部分教师心理上的不成熟。

（5）"拖堂"就可以提高教学质量。很多学校把学生的学业成绩和教师的评价、考核、奖金挂钩，不同班级的教师之间有时也会出现不正当的竞争。部分教师认为通过增加教学时间的总量即可以达到提高教学质量的效果。因此，经常"拖堂"就成为了其中的一种方式。

（6）"拖堂"已经成为一种习惯。由于性格和习惯原因，部分教师做事拖拖拉拉，时间观念不强，下课和没下课差不多，认为拖堂没什么，也就形成了一种习惯。

（7）迎合学校领导的"价值观"。按照常理，老师遵循教学规律精心授课，教学效果显著，并且不拖堂的教师才是真正的优秀教师。而现在由于一些学校部分领导价值观不正确，评价指标出现偏差，认为爱拖堂的老师敬业精神强、工作认真，经常把这些教师评上先进。既然能当先进，受到领导的器重和好评，即使辛苦点，何乐而不为呢？

除上述原因外，真正的根源有以下几种：①教师的课堂语言表达不够精炼，担心本堂课的教学任务不能按时完成，甚至有的老师喜欢提前完成教学任务，然后有充裕的时间给学生进行大量复习以及习题练习，已达到提高学生学习成绩的目的。无论什么原因，老师们总以

为延长上课时间会很有效果，但恰恰相反，因为很多学生根本没心思听课，即使勉强听下去，学习的效果也不高；②教学中计划不周，考虑不全，不能很好的随机应变，灵活处理；③对于整个的课堂结构安排以及其他影响教学进程的因素，不能从全局通盘打算并加以有效控制；④津津乐道于个别的、琐碎的知识传授，抓不住重点；⑤教学主观随意，缺乏科学性。往往兴致一来，便沉溺于自己的表演之中，或旁征博引，或满堂绕，一旦自己醒悟过来，也快下课了，只好"拖堂"，尽管老师可以找出上百条理由为自己"拖堂"解脱，但是一个老师如果把"拖堂"变成了一种习惯，那么其根本所在则在于教师的教育观念落后。

因此走出这一误区，我们必须认识到以下几点：

1. 拖堂的危害。教师只有认识到拖堂所带来的危害，才能转变观念，提高教学质量

（1）学习方面：下课铃响后，教室外边有走动声、喧哗声，因此，学生在教室里就会有松散情绪。在这种情况下，想听课的学生也不容易集中精力，不想听的学生也心飞窗外，没有心思继续听下去。老师不辞辛苦拖堂，就是要解决自己认为很重要的问题，然而在这样一种不良的课堂氛围中，几乎什么问题也解决不了。有的学生会把拖堂期间没有解决的问题带到下一节课，直接影响下堂课的有效教学时间和效率。比如，课间休息被"拖堂"占用之后，上厕所和取下一节课的学习用具总会占用下节课的时间。

（2）情感方面：学生面对经常拖堂的老师，上他们的课时就总有一种负担，甚至因为拖堂而厌恶这门学科；由于这些老师总在拖堂，学生往往不会有效地集中注意力，觉得后边还要讲，前边不一定认真参与学习；由于教师拖堂占用了学生部分甚至全部课间休息时间，下节上课时学生心里总有一丝不快感，从而降低了学习效率。

（3）生理方面：学生经常上课，每节课多长时间已经形成一种心理定势和生理上的条件反射，下课铃声一响，就有一种自然的放松感，听课的注意力很难集中；坐的时间长了就有一种浑浑噩噩的感觉，或有点按捺不住想出去走走的想法；有时想上厕所，因拖堂而非常难受，有时大小便匆匆忙忙或来不及而非常尴尬。

（4）其他方面：①拖堂后，值日生在快要上下堂课时才能擦黑板，其粉笔灰尘污染了教室内的空气，影响着师生的健康，特别是坐在前面的同学和上课的老师；②拖堂打破了正常的教学时间，也影响了下一堂任课教师的上课情绪，甚至影响同一个班级任课老师之间的关系；③老师可以拖堂，学生就可以拖作业，老师的时间观念对学生产生了消极影响；④教师拖堂不利于学生的人身安全。学生到了下课时间，有许多事情要做，如果教师拖堂，学生心急如焚，下课后学生因匆忙处理事情，很容易造成人身安全事故；⑤老师一旦形成拖堂的习惯，教学效率就很难提高。教学效果也无法保证。

2. 上课时抓住重点难点的讲解

其实，一节课的教学内容，只要抓住了新知识的重点难点的讲解，解决了学生接受新知识的疑难问题，再加以适当的巩固练习，一节课的教学内容可以说基本完成，没必要反反复复地讲解，毕竟，并不是每个学生都有耐心听老师讲解。即使一节课的教学内容没完成，最好还是留给下一堂课继续讲解，而不应该占用学生的课间休息时间。一些发达国家的课堂教学也不是满堂给学生灌输知识，而是在课堂上给学生解惑，学生对新知识没有了疑问，课堂教学也就完成了。无论从少年儿童身体健康成长的角度还是从接受知识的耐心来看，除了课间休息，一节课40分钟左右的设置是比较科学的。如果各科老师都习惯拖堂，学生缺乏课间休息，如此的教学方式是弊大于利的。

3. 搞好课堂设计

作为教师，一定要备好课，绝不打无准备之仗。这就要求教师在教案上，必须写出日常的教学目标、教学进度、教学程序，标明日期。并在备课时精心推敲每个教学步骤，认真计算每个步骤所需要的教学时间，做到突出重点，环环相扣，步步紧随。在授课时做到能"一针见血"的绝不"绕圈子"，能不提问的尽量不提问。这样就能有效地保证教学环节的流畅、紧凑，避免教学环节的松垮现象，从而降低教学时间的损耗。

4. 加强对学生的纪律教育

教师要让学生们明白课上遵守纪律，也是避免教师拖堂的有效方法。

5. 在行动中强制执行

听到下课铃声要立即休息。下课时尚未讲完的教学内容，这时也要服从时间。虽然这次教学计划没完成，但可以提醒自己对这类事情引起重视，以便日后改进。

6. 教师要自律，提高自身素养

作为一名优秀教师除了应具有很高的业务素质、渊博的专业知识外，还应该是一位心理专家，及时了解学生的心态，掌握学生的思想脉搏，以不拖堂的方式解决问题，赢得学生的信任与尊敬。

7. 教师要多替学生考虑

教师们，可以想一想，上课总嫌45分钟太少，讲了还想讲，学生下课了就像打仗。有的同学上厕所急得半路就拉裤子、解腰带。上完厕所，穿裤系扣，全在回教室的路上解决，那急匆匆的样子，不值得我们反思吗？

总之，教师"拖堂"严格地来说属于教学事故，有弊无利。不仅违背教学规律，增加学生负担，还不利于学生身心的健康成长。因此，要彻底根除"拖堂"现象，关键是教育思想是否能转变的问题：是走高耗低效的老路，还是提高效率向45分钟要质量？是加重学生负担，还是减轻学生负担？愿所有教师都能及时更新教育观念，尊重学生的自由时间，提高自身素质，主动钻研业务，更新教育观念。在联系生活、探究教法、服务学生方面，多动脑筋，使整个课堂教学设计在45分钟内既实现大纲教材的目标，又能符合学生的心理特点，使每个学生的素质都有不同程度的提高。

讲课时要允许学生"插嘴"

我们先来看下面的案例：

李老师今年是某校高一的班主任，有一天，她正在办公室备课，"你们班的李涛，今天课堂上又插嘴了，你得好好教训他。"生物课老师没好气地冲进办公室告诉李老师。

此时，在旁边备课的社会课老师也开始对李老师抱怨说"你们班的纪律太差了，每一次上课，总有那么几个调皮的插嘴，我发火也没用。"。

李老师听后觉得很尴尬，立刻召集了全班学生开班会，把那些经常插嘴的同学通通都揪了出来，狠狠批评了一顿。

案例中的现象屡见不鲜，它反映了课堂上"学生插嘴"的现象。"学生插嘴"可能是许多老师在教学过程中常会遇到的现象。具体表现为：①学生插老师的嘴，当教师在讲解时，学生突然给你一句意想不到的话；②学生插同学的嘴，当同学在提出一个问题或解决一个问题时，有的学生会无意识地把自己的想法说出来。这两种现象给很多老师带来困惑。遇到这样的情况，作为教师很多时候可能会像案例中的李老师一样，对插嘴的学生一顿批评，要不就在课堂上用眼神瞪插嘴的学生。

而仔细审视当前课堂教学的现状，看到的几乎都是这样的情景：课桌椅整齐地排列着，学生端端正正地坐在座位上，发言要先举手，并且要得到教师的"批准"，教师站在前面的讲台上，正按着原定计划滔滔不绝的时候，忽然有同学将手举起来，问一些相干或不相干的问题。对于这种"插嘴"行为，大部分老师因为怕打断了教学的思路而断然制止。长期以来，我们的课堂忽视了学生情感、想象、领悟等多方面的发展，忽视了生命的存在，我们过多地强调知识的记忆、模仿，制约了学生的嘴巴、双手、头脑，压抑了学生的主动性和创造性，最终使教学变

得机械、沉闷、缺乏生命活力。使得教师成了课堂的主宰者，而课堂成为了教师的"一言堂"，从而走进了课堂教学误区。

基于上述的认识与反思，教师应当认为"插嘴"是一种普遍正常的现象，在这种形式背后，实际蕴涵着学生批判性分析的嫩芽，情不自禁发表出来的意见，往往是学生智慧火花的闪现，这是在一种没有约束、没有负担的情境中产生的，这种个性的张扬是真实的、积极的、有意义的。这说明学生们有探求知识的欲望，在思考所学的内容等。如果我们顺应思路，在具体教学中，通过一些方法激发学生"插嘴"行为就能达到意想不到的效果。

1. 让民主充满课堂，便于学生"插嘴"

师生在人格上是完全平等的，因此营造民主、和谐的课堂氛围有助于学生的创新意识发展。教师要与学生建立起合作、友爱、民主、平等的师生关系。为此，我们把微笑带进课堂，把尊重留给学生。让学生在和谐气氛中驰骋联想、畅所欲言、相互启发、集思广益，获得更多的创造灵感。主要通过以下策略，便于学生"插嘴"。

（1）与学生约定"三允许"策略。以前的学习常规在许多方面束缚了学生的创新思维，因此教师可以采取"三允许"策略，让学生能就所学的内容大胆发表自己的看法：①允许学生不举手回答；②允许学生答问与答题的失误。学生答问与答题的失误是在所难免，因此，教师允许学生答问与答题的失误，并趁机进行启发、引导，帮助学生获得问题的解决，从而，可以使课堂更有交互性；③允许学生及时对他人提出意见与建议。即启发学生在课堂教学交互过程，对同学的回答，教师的教学情况，在有异议或建议时，及时地加以提出，帮助他人改善，帮助自己完善，从而培养学生的批判精神与反思意识，真正实现教学交互中的师生互惠共长。

（2）培养学生具有挑战的勇气。教师应培养学生具有挑战的勇气和敢于向权威提出问题的勇气，教师可以大胆重组教材，为学生做表率。并经常鼓励学生给教材和教师挑错。让学生多说"为什么"；大力表扬敢于发表并坚持自己意见的学生；积极鼓励、奖励有与大家不同观点的学生；当学生出现错误时，鼓励学生再试一次。教师出现错误时，学生若能大胆指出，教师应虚心接受。总之，课堂教学中教师应该保护

这种"插嘴"行为，鼓励"插嘴"，缩短师生之间的心理距离，使教师、学生在课堂教学中处于和谐的交互活动状态，以促进学生创造性地学习，促使自主学习能力的形成，使学生真正成为课堂学习的主人。

2. 设置"故错"情境，引导学生"插嘴"

人的思维通常总是开始于疑问，开始于矛盾。因此在教师在教学中应该鼓励学生的质疑精神和求异思维，具体通过设置"故错"情境来达到引思的目的。"故错"情境不但能引起学生对某些易错的问题的重视，而且能使学生减少对教师权威的迷信程度，进而能使学生变得自信，对学习也充满热情和探索的欲望。因此，教师可在黑板故意错解，给学生制造插话的机会，让学生去发现，并及时表扬敢于质疑插话的学生，然后和学生一起找错，剖析原因，以此启迪学生的思维。

3. 创设时机，因势利导

课堂是师生、学生之间交流思想的主要场所。因此，在课堂教学过程中，教师要充分放权，把学习的时间与空间还给学生，把"一言堂"变成学生自主学习交流与合作的"群言堂"。让学生的心灵处于自由宽松的状态，让课堂充满活力。具体包括以下几点：

（1）创设情境——给"学生插嘴"做好铺垫。苏霍姆林斯基说过："在人的心理深处，都有一种根深蒂固的需要，这就是希望自己是一个发现者、研究者、探索者，而在孩子的精神世界中这种需要特别强烈。"因而为了让学生在课堂上多"插嘴"，教师应该营造活跃和谐的课堂气氛，让他们积极思考，培养创新精神和创造能力，从而提高他们的学习能力和整体素质。这就需要教师多站在学生的角度去思考，以自己就是一位学生的角度出发，去挖掘学生大脑深处更灵活的思维。

（2）稍作等待——给学生"插嘴"留点时间。"等待"非常重要，教师要学会延迟判断，让学生自己来判断，而不是老师作为一个法官来判断，这是教师在课堂上要经常使用的一种策略。教师不要把自己知道的答案马上急于告诉学生。面对学生的"插嘴"，可以给学生一个表达的机会，一个自由发挥的时间，让学生在课堂上敢想、敢说、敢做。

（3）加以表扬——为学生"插嘴"添砖加瓦。面对学生的"插嘴"，我们不仅要认真倾听、耐心等待，而且要经常给学生表扬。因为，表扬能满足学生的情感需要，产生积极的、主动的、冲击式的学习欲望。

（4）多点宽容——让"插嘴"改变学生。有些学生不良表现较多，如迟到、旷课、打架、破坏公物等，并且经常受到老师的批评，自认为在老师眼里是"坏学生"，对自己丧失了信心，上课毫无兴趣，甚至故意"插嘴"或开小差，扰乱了课堂纪律。

总之，教师应打破传统教学中束缚学生选择的"规矩和限制"，把自由还给学生。在"遵循个性心理"的教学思想下，关注学生个性的差异，让每一位学生都有机会张扬自己的个性，展示自己的智慧与才华。并且要用发展的观点，以发展的眼光去评价学生，对学生学习的任何一个方面的进步，无论其现状何等不理想，离教育目标有多远，都应该通过评价加以肯定，鼓励学生不断进步、不断发展，通过别具匠心的方式将"插嘴"这看似教学中的"不谐之音"，经过过滤，提炼其有用的成分进行放大，使"插嘴"转化成一支美妙的插曲。

不可滥用课堂评价

教学评价是课堂教学的重要组成部分，决定着课堂教学的走向，影响着教学效果。在新课程改革如火如荼的今天，教学评价在课堂教学中的作用已为越来越多的教师所关注，许多教师在"一切为了学生的发展"这一新理念的倡导下，大胆实践学生评价的改革，也取得了不小的成绩，这令人欣慰。但是，在实践过程中，由于有些教师没有准确把握学生评价改革的实质，出现了一些形式主义的做法，盲目地"跟风"、追求"时髦"而陷入了误区：

1. 赏识无度的评价

或许是出于对学生发言的尊重，或许是为了体现教师的人性关怀，每当学生答对了问题，有的教师就会慷慨地拿出赏识教育的法宝，一味地为学生叫好。诚然，学生确实需要被赏识，但是，赏识过了头就未必好。试想，那些不需要付出努力就能得到的称赞，有谁会珍惜呢？如下面的案例：

有一位语文教师在讲《秋天的雨》一课时提了一个简单的问题："现在我们这边是什么季节？"，并指名学生回答，学生答对了，那位教师便不假思索地表扬学生"你真聪明"，其余学生听了全是一脸不屑的神色，有的学生甚至在小声嘀咕"这么简单，我也会"，听到同学们的议论，那名学生的脸红了，头悄悄地低了下去，此时，老师的一番好意成为伤害学生的"罪魁祸首"。

2. 滥用赞语

课堂上，为体现新课程的评价理念，许多教师深深地感受到了课堂评价语言的重要性，所以有的老师对学生的每一次发言都进行评价，还特意安排一定的教学环节让学生进行专门的评价活动，过分追求评价的量和方式。这样做就将评价形式化、功利化。也有的教师为了保护学生

的积极性，提出评价以鼓励为主，出现了大量廉价的表扬，"好"声一片。请看下面的案例：

案例一：一节语文课上，老师指导学生朗读。所有学生朗读后，老师都会给予同样的表扬——"读得不错"、"读得真好"。不难发现，由于简单地将表扬理解为"保护学生""赏识教育"，这位老师的表扬失去针对性。学生感觉读得很好的地方得不到老师的肯定，感觉真正不知如何处理的地方也得不到修正；读得不好的同学还自以为读得不错，导致学生求知不深入，浅尝辄止。

案例二：某堂语文课上，一位老师让学生用"一边……一边……"造句。一位学生说："我一边吃瓜子，一边写作业。"从句子结构成分来看，这句话没有什么问题，但从教育的角度来考虑。这位学生的学习态度不端正，应该给予纠正。可老师却表扬道："你真聪明！能够把生活中的事联系到造句上来。"显然，被表扬的同学会误认为自己一边吃瓜子，一边写作业还得到了老师的表扬呢！

案例三：一位老师在政治课上请学生在书上查找一个信息。一位学生马上把手举得高高的，学生回答完了，但结果不甚理想，老师却用"你真聪明，你真会发现，你真棒！"这种矫情的表扬来赞美学生，殊不知，这样很容易使学生滋生自满情绪，不思进取。

案例中的 3 种现象在课堂评价中屡见不鲜。这些现象大大削弱了教学的评价导向功能，教学效果会大打折扣，甚至形成模糊的知识概念。心理学研究表明，首次表扬对学生的触动是最大的，随着表扬次数的增多，对学生的刺激程度就会减弱，其价值就会慢慢降低。随着学生年级的升高，教师口头评价对学生带来的刺激程度就会慢慢减弱。随意的激励是无法对学生起到促进作用的，而且还有可能对学生产生消极影响，造成很多学生只能听表扬，不能听批评，从而认识不到自己的缺点和不足。由此可见，教师的课堂评价语不但要注意控制"量"，更应注重"质"。

3. 盲目求异

课改的重要理念是倡导自主、合作、探究的学习方式。一些教师为

了追赶时髦，一味地强调自主意识、合作精神、探究能力。于是为了一个很简单的问题，也要让学生分组讨论，似乎热闹的课堂就是学生积极性高、气氛活跃。只要讨论出了结果学生就获得"有合作探究精神""能自主学习""学习热情高"等评价。其实，教学中许多问题仍需教师点拨、学生思考才可以解决的。像这种形式主义的评价从客观上说，它严重违背了教学宗旨。

4. 课堂评价语夸大其词

许多教师怕伤害学生的学习积极性，面对学生的发言，往往在评价时夸大其词，甚至不敢或不愿指出学生的错误，不分青红皂白，一味廉价地予以表扬。如：一位教师让学生说说新学的生字中哪些地方特别容易写错，一学生找到了一个字中比较明显的易错的笔画后，教师以一句"你的眼睛真比孙悟空的火眼金睛还厉害"表扬该生，夸张至极。

上述种种现象都是课堂评价存在的误区，那么认识了误区，怎样走出误区呢？

（1）教师评价语应该灵活多样。教师在课堂评价时应随机应变，让学生爱听、想听、百听不厌，名人名言、格言警句都可以恰如其分地运用到评价语中。而教师要做到旁征博引，平时必须加强知识的积累，博览群书。有许多优秀教师非常注重锤炼课堂教学评价语，他们的评价语往往是妙语连珠，妙趣横生，让学生在受到赞誉的同时，又学习了知识，懂得了道理。

（2）加强评价的针对性。教学评价的功能不仅在于激励，更在于指路。对学生有针对性的评价才是真正着眼于学生的发展，对于学生的优点，要加以肯定；对存在的问题，同样应以委婉的语气以建议形式提出，让学生知道今后努力的方向。如：评价学生写字时，老师说："某某同学不但字写得好，而且坐姿、握笔姿势也很正确""某某同学写字有了很大进步，但你的字如果能再写得大些，就更好了！"……这样的教学评价语，既激发了学生的学习热情。又暗示了教师对他们提出的更高要求，激励学生向着更高的层次迈进。

（3）要做善意的否定性评价。学习心理学认为："学习也是学生不断尝试错误的过程。"因此，当学生的发言出现问题时，善意的否定性评价也必不可少。为了有效保护学生的学习积极性和自信心，可为否定

性评价寻找一个评价支点：①在饱含殷切期望中进行否定性评价；②用幽默的语言进行否定评价；③否定性评价后要尽可能给学生以再次尝试的机会。

（4）课堂教学可适时使用延缓评价。当学生在讨论交流时，不要立即给予肯定或否定的评价，而是给予学生充分的探索新知、获取新知的时间，要鼓励和赏识学生针对学习内容发表独到见解，促使每个学生在原有水平上都有新的发展。请看下面的案例：

一位教师教学《狐狸和乌鸦》一课时，他给了学生这样一个发散思维话题："学了这则寓言有什么收获？"有的学生说："我认为乌鸦太傻了。"有的说："我们不能像乌鸦那样爱听好话，会上当受骗。"有的说："我喜欢狐狸，因为它很聪明。"……显而易见，前两个答案是正确的，但这位老师没有马上评价谁是谁非，而是微笑着走到学生中间说："你们还有不同意见吗？"当他发现还有部分同学赞成第三种观点时，教师一愣，然后引导学生就第三种观点展开讨论，让学生知无不言，言无不尽，最后教师才评价："这只狐狸是很聪明，但聪明不能用来骗人，做坏事……"

案例中的老师在这里使用延缓评价，给了学生自由发挥的空间，使每个学生的回答都折射出个性的色彩。

（4）评价实事求是。虽然，新课标指出"对学生的日常表现，应以鼓励、表扬等积极的评价为主，采用激励性的评语，尽量从正面加以引导。"但这也有限度的，在评价上要有实事求是的科学态度，具体问题具体分析，同时也要因人而异，因事而异。对于那些学习习惯不好、学习成绩不好的后进生，每当他们表现出一点进步的迹象，哪怕是微不足道的，如：坐得端正，听讲认真，答对了一个简单问题等，都应该大力表扬，帮他们树立学习的信心；对于那些思维敏捷、学习基础好的优等生，则要慎用表扬，这样才能激发他们学习的兴趣；对于表现平平、成绩一般的中等生，教师应以敏锐的目光发掘他们的闪光点适时予以肯定，唯有如此，教师的表扬才能显得"物有所值"，学生也才能加倍珍惜

（5）重视并发挥学生自评和生生互评在评价中的作用。新课标指出"教师要引导激励学生积极主动地进行自我评价，让学生对照学习目标对自己的学习进展作出判断，既看到成绩，体验成功的快乐，也发现问题，找到不足，明确努力方向。"而"生生互评"的过程最能体现学生素质发展的过程。他们在互评中能找到别人的长处和短处，从而互相启迪、互相借鉴、共同发展。在评价他人时，学生也更好地认识了自我，这是"师生评"难以收到的效果。更主要的是这一过程不但培养了学生的评价能力，而且提高了他们的口头表达能力。

（6）学会倾听。课堂教学中的评价语言非常重要，它总是伴随着教学的始终，贯穿整个课堂。缺少激励的课堂如一潭死水，缺乏生机，嚼之无味，精妙的评价语言如疾风骤雨，能掀起阵阵波澜，课堂内生机勃勃，学生思维活跃。这就要求教师必须学会"倾听"，学会关注。能及时准确地对学生在课堂中的表现给予评价，并且评价语的使用要把握一个"度"，在评价时注重内容翔实，有根有据，不简单地说声"好"就了事，也不简单地以"对"或"错"来判断，而应恰如其分地给予褒奖，防止评价语言苍白乏力，或者言过其实。教师要努力以真诚的语言、亲切的语调、鼓励的言辞、温和的表情、友善的微笑、期待的目光、宽容的态度来有效地调控评价的过程，促使学生的学习兴趣不断提高。

总之，真实、真挚、真情的课堂评价会促进民主的课堂气氛，有利于营造师生愉快交流的心理氛围，如果精彩的课堂如同师生的智慧共同烹调的一场"盛宴"，那艺术化的"评价"就是那佐餐中必不可少的调料，使课堂生辉，让师生回味。

赏识教育

所谓"赏识教育"就是教育者以信任、尊重、理解、激励、宽容、提醒的心态和思维方式对被教育者实施教育，并且在教育过程中，紧紧抓住被教育者在其成长过程中表现出来的优点、进步，给予客观公正的肯定和表扬。因此，"赏识教育"是以学生学习和活动为载体，抓住教育的契机，优化课堂氛围，精心设计和组织课堂教学，使学生在教师的指导下全方位地受到赏识，并在不断获得赏识的学习过程中明确学习目的，树立自信心，勇于探索、创新，逐步完善，超越自我。

在教学中如果对学生进行赏识教育，会收到了较好的效果。但是，赏识教育也有它的局限性。赏识不当，则会走向赏识教育的歧途。因此，在实施赏识教育的过程中要警惕踏入如下的赏识误区：

1. "赏识教育"替代"批评教育"

提到赏识，很多教师会简单地理解为"表扬"，因此常常只会重视正面的赏识激励，而忽视大胆的批评。殊不知，真正的赏识教育除了要对学生良好的言行给予赞美、鼓励和表扬，但并不意味着不做批评。针对学生言行的不当或错误，教师不能为了赏识而曲解赏识教育的真谛。比如，一个学生计算8加5的算术题，却解得12，教师如果不是指出学生的错误，反而这样表扬他："你的答案很接近正确答案。"或像有的教师那样，对做错题的学生表扬说："你错得很有价值，你给我们提供一个讨论的话题，谢谢你！"这种"只表扬，不批评"的赏识教育，不管出于何种理由，其结果恐怕只能与表扬者的初衷相反。因为错误就是错误，任何掩饰遮盖都是掩耳盗铃、自欺欺人。

2. 赏识教育重大轻小

重视大优点，轻视小进步；赏识大长处，忽视闪光点是赏识教育的另一误区。赏识教育的本质是营造和谐的氛围，在不断的享受赏识中获取愉快的情绪。因此，作为任课老师，学生只要有一点点的进步，有一点点的闪光之处，就应及时地给予肯定，要大力提倡"勿以善小而不

赏"的做法。

3. 赏识无极限

过度赏识会使赏识失去意义，甚至产生副作用：学生自我意识高度膨胀、傲慢无礼或耐挫能力弱。因此，一味表扬和一味惩罚一样并不可取。同时，过度赏识也会带来压力。一个学生常常处于老师表扬的氛围中，会产生较强的心理压力，成为他继续进步的无形障碍；而且，这个学生有可能处于同学们的嫉妒排挤中，造成人际关系恶劣，形成孤僻不合群性格。

4. 赏识等于"哄骗"

有的教师认为赏识就是连哄带骗。伸出大拇指赏识学生只能表明一个态度，要真正鼓励学生则需要用心来完成。不能因为要达到某种功利目的而牵强附会、生拉硬扯地哄骗学生，这会使学生感到赏识是一种虚伪，是一种利用，失去对教师的信任。因此，赏识要有根有据，不能捕风捉影。有效的表扬必须是真诚、详细而具体的。除非你是真心实意地想要表扬学生，否则就不要去那样做。学生希望知道他们到底是因为什么而受到表扬的。如果他们知道你认可他们的哪些行为举止，那么今后他们就会乐于重复这些行为。

综上所述，赏识教育只是若干教育方法中的一种，而绝对不是教育方法的唯一，都不可能完全适用于个性各异的所有学生。因此，赏识教育、宽容艺术，有用，而且可用，但也万万不可滥用。那么，教师如何对学生进行赏识教育，才有效呢？

（1）认识滥用赏识教育的危害：①滥用赏识会弱化学生的心理承受能力。一再地夸奖，一味地赏识，容易导致学生以自我为中心，唯我独尊，事事处处都要别人顺着自己，一旦稍不如意，往往就会沮丧、愤激、退避、敌对，甚至采取极端的行为。如：安徽有一名初一新生，为了与同学打赌"看谁是英雄"，无端撕毁了一位女同学的新发的课本，被老师批评了几句。而这名在小学受惯了"赏识"的学生，却无法接受老师的批评，一时想不开，竟服毒自杀。试想，像这样的学生，毕业离校以后，将如何面对复杂的社会群体，又如何迎接严峻的人生挑战？②滥用赏识将会弱化一部分学生的责任感和上进心。这是因为，滥用赏识的教师往往是"变着法儿夸奖，绕着弯儿表扬"。在一定的程度上，使学生们感觉到"做对做错一个样，考好考差一个样"，这样，既对某些后

进生起不了什么激励作用，又使一些优秀的学生渐渐失去自豪感，乃至渐渐失去了责任感与上进心。③滥用赏识将会逐步弱化一些学生的热诚与真情，助长一种形式主义。在有些课堂教学中，教师对学生的称赞表扬之声接二连三，无论是读了几句书，还是写了几个字，无论是答了几道题，还是回了几句话，教师都几乎无一例外地翘起大拇指，称之"真好""真棒"或者赞曰"真了不起"，诸如此类，难免让人哭笑不得。

（2）允许学生犯错误，放大学生优点。教师可通过不断地鼓励，让学生树立自信心。有了自信，就离成功不远了。请看下面的案例：

李明上初三了，他是各科老师眼中的"捣蛋鬼"、"小霸王"。上课时从来不把老师放在眼里，王老师的信息课当然也不能幸免。上课时，李明不是和旁边的同学说话，就是东摸西碰，有意无意地影响其他同学。有一次上课，王老师发现李明正偷偷用 QQ 聊天。但同时王老师又发现李明的打字速度非常快。这时候，老师便拍拍李明的肩膀，把他叫到一边。此时的李明已经意识到自己的"违纪"行为，眼神中流露出一丝不安，但立刻又摆出一副天不怕地不怕的架势。王老师微笑着请李明坐下，避重就轻地对李明的打字速度进行了表扬。李明听到老师对自己的表扬，原本傲气的目光也渐渐变得温和起来。

这时候。王老师抚摸着李明的头，微笑着说："老师想要你给全班同学表演你的'绝技'，你看如何？"看着王老师信任的神，李明答应了老师的要求。几天以后，当汉字输入测试软件显示每分钟 218 个汉字时，全班同学都被李明如此快速的输入速度惊呆了。在同学们长时间的掌声中，李明的眼神中流露出了被认可的喜悦感。此时，老师立刻号召全班同学一起对他竖起大拇指，齐声对他说："你真行，你真棒！"

经历了这样一次赏识的洗礼，李明开始发生了微妙的变化，上课也不再影响其他同学了。以后的日子里，只要他有一点进步，王老师就鼓励他、表扬他。渐渐地，李明对老师也尊重起来了，成绩慢慢得到了提高，后来多次代表学校，参加市区的电脑文字输入大赛，屡获佳绩。最后以优异的成绩考入了区重点中学。

以上案例不难看出，一个看似"无药可救"的学生，如果"赏识"

得当就会起到奇妙的功效。学生每一个优点的闪现都是赏识的好机会，因此，老师要相信每位学生都有自己的长处，要有足够的自信心，相信自己有能力去改变学生，相信一分耕耘就有一分收获的真理。要让学生在赏识中体验成功，树立自信。

（3）尊重学生。心理学理论认为：人性中最本质的需求之一是渴望得到赏识，通俗地讲就是渴望被信任、被认可、被重视。尤其是正处在青少年时期的学生，自我意识大大增强，特别希望能得到别人的羡慕、好感和赞扬，渴望得到老师和其他人的尊重。请看下面的案例：

　　这学期初的第一节课，是六年级某班的信息课。刘老师早听说这个班在上课时的纪律并不怎么好。这天，预备铃声一响，刘老师就往六年级教室赶。还没走到，就看到学生们已经在走廊里整队了，原本嘈杂的声音，看到老师的到来也很快安静了下来。刘老师便站在队伍的面前，用赞许的目光扫视了全班每位同学，什么话也没说，微笑着竖起两个大拇指，并肯定地点了点头。就这么简单的一个动作，在以后的几周时间里，同学们每节课整队又快又安静，课堂纪律也出奇的好。

　　刘老师以学生比较容易接受的方式给他们一个"见面礼"，通过恰到好处的赏识缩短了师生之间的距离，融洽了师生的感情。在以后相处的日子里，学生对刘老师的好感与日俱增，他们之间无话不谈，课堂教学开展得也十分顺利。

　　从此案例中我们不难发现，老师的信任、理解、赏识，能使老师更容易走进学生的心灵世界，使学生更加信赖老师，并愿意敞开心扉接近老师。而老师见到赏识后的效果，也会把自己的感情更多地到学生身上，从而激发了更大的教育热情，形成良性循环。

（4）要当"慈母"也要当"严父"。做了好事，理应受到表扬；做错了事，教师就应该让学生为自己的错误承担责任，这样才能培养学生正确的是非观，有助于学生健康成长。儿童作家孙云晓说"没有惩罚的教育是不完整的教育，没有惩罚的教育是一种虚弱的教育，不负责任的教育。"因此，作为教育工作者，既要当"慈母"也要当"严父"。把赏识比作农民在农田里施肥，那批评就好比为庄稼除去杂草的过程，二者缺一不可。

（5）赏识有度。"严格要求学生"与"尊重爱护学生"相结合是教育工作的一条基本原则，但有些老师却往往把握不好这个"度"。他们或是走向"爱"的极端，只表扬学生的进步，不批评学生的缺点和错误，极力崇尚"赏识"教育，却忽略了现在的学生缺少的并不是赏识。家庭的过分溺爱已经使不少学生增加了依赖性，让他们失去了判断力和分辨是非的能力，而这两项恰恰是学生将来踏上社会不可缺少的能力。现在可以让他们生活在一片赞歌声中，但当他们走向社会时谁又会天天夸奖他们呢？因此，赏识失度，只会害了学生。还有的教师则走向了另一个极端，整日一脸冰霜，表情冷漠，似乎只有这样才能显示出教师的威严，才能"镇"得住学生。滥施权威，严而无度，以致使学生在内心里无法实现对教师的接纳。总之，赏识教育就是该批评时批评，该表扬时表扬，该严肃时严肃，该认真时认真，既要让学生敬畏，又能使师生相互理解、沟通。

（6）"赏识"要发自内心、要恰到好处。赏识教育并不光是说几句美丽的话，而需要对学生进行连续性地观察、了解、帮助，认真发现他们的每一次进步。另外要争取得到家长的配合，以达到家长、老师教育的一致性，共同搞好教育工作。在实施赏识教育过程中要恰到好处，不能滥用过度。赏识要正确客观地分析，要了解学生的身心需要，要了解学生心理状态，根据真实需要进行表扬、鼓励。而不能为达到某种目的而牵强地赏识，这不仅对学生本人起不到真正作用，而且会影响周围的学生，让他们感觉到赏识的虚伪性，同时失去对教师的信任度。

总之，作为教育方法之一，赏识教育有其合理性、科学性、有效性乃至必要性。作为教师要积极鼓励学生进取，以恰当的表扬，热情的关爱，宽广的心怀和持之以恒的耐心，引导学生获得最大程度的满足和实现自我。

不要对优等生过度表扬

我们先来看下面的案例：

李玲是个相当普通的高中女生，因为她身材、长相都比较"大众化"，而且成绩和校内活动都表现平平。高一上学期的开学一个月后，大多数学生还沉浸在考进重点中学的愉悦中，而有"超前意识"的李玲突然开始用功了。在学校里，她没有表现地过于投入学习，下课依旧和同学聊天，只不过有时趴在桌子上睡觉，同学们包括她的同桌都没有发现李玲的这个细微变化。其实，李玲每天放学回家至少有 5 个小时花在学习上，每天晚上 12 点才睡觉，早晨不到 7 点就起床。

看着女儿学习如此刻苦，李玲的父母欣慰不已。除了一日三餐把营养跟上外，夫妇俩每天晚上连电视也不看了，爸爸看报纸，妈妈打毛衣，为李玲的学习创造最好的氛围。

一分耕耘，一分收获，相隔三周，李玲的成绩从原来全班第 37 名一下上升到全班第 10 名。老师在试卷分析课上表扬了李玲，号召大家向她学习。李玲很开心，于是她更努力了……

到了高二上学期，李玲因勤奋努力而成为全年级老师交口称赞的好学生，她的成绩也如火箭般窜到了全年级第 2 名。

当全家都沉浸在喜悦之中时，李玲却一脸愁容的找到父亲说出了自己想退学的想法。"我从高一上学期用功开始，就被一片赞美声包围。在学校，各学科的老师都把我当榜样树立；在家里，你和妈妈对我关爱备至，百依百顺，逢人就夸我聪明懂事。然而赞扬越多，我感到肩上的压力就越大，我成了只进不退的报喜鸟，我无法想象如果有一天，自己重新掉到了全班中下游，世界会变成什么样，自己还有没有脸见人。我觉得自己一点也不聪明，只是比别人用功而已"李玲沮丧地对父亲说。父亲笑了："你很聪明了，你能想到提前用功。另外，用功有什么不对吗？"李玲没有回答，显然父亲不同意她退学，于是在接下来的一些日

子里，李玲始终郁郁寡欢。

但是李玲的心结并没有打开，压力也更大了。高二下学期，全班同学都在老师反复的督促下认真思考起自己的未来，全班的学习氛围前所未有地好。李玲的担心也更严重了。

李玲认为，很多平时不用功的男生，只要一发力，自己就很不容易被甩到后面。那样自己多难堪！一想到这里，她便开始做更多的习题，想更多的问题。以至于一些非常简单的题目，她要想半天。做数学计算题 $7x = 14$，问 $x = ?$ 这样超级简单的题，李玲会想，×为什么等于2呢？看英语书时，突然她会盯着 nig 发呆：为什么 nig 要这样写，而不是写成 pig 呢？

这些都让李玲的做题效率大大降低，当她发现自己的速度越来越慢，就更加焦虑、担心，慢慢便形成了恶性循环。她开始频繁失眠，白天听课的效率也打起了折扣。

心急如焚的父母找到李玲的班主任，班主任认为李玲过于紧张，建议她休息两天，于是李玲请了3天假。原以为可以调整一下，但李玲却老想着：我在家休息，同学们都在用功，那我不是要掉队了，回到课堂补起来就累了。

就这样，刚在家休息了两天的李玲又回到了学校。可令她痛苦的是，不看书惶恐，看到书和习题她却又紧张得要命。甚至出现了拿起笔来手发抖的症状。不得已，李玲向学校和父母提出，她想退学，年级第2让她活得太累了。

由案例我们可以看出，表扬是教师促进学生进步的一种积极有效的教育手段。它不仅可以使学生受到鼓舞，增强自信心，还可以为其他同学树立榜样，促进良好班风的形成。但如果教师过度的去表扬优等生，结果不仅起不到好的作用，甚至还会出现很多负效应。主要表现在以下几方面：

1. 过度表扬会增加优等生的心理负担

很多教师因为优秀生学习成绩好而对其身上存在的缺点视而不见，认为只要成绩好，其他的问题都可以包容，并且对优等生的学习成绩也期望过高，过分的表扬和过多的"光环"使优等生成了学生楷模和焦

点，这会给他们带来无形的压力。优等生长期在这种心理压力下学生会使一些潜在的心理问题被掩盖起来，长期得不到矫正，会为他们全面健康的发展埋下隐患，造成深远的、无法弥补的负面影响。

2. 过度表扬会使优等生滋长骄傲情绪，导致学习下降

如果教师过度地对优等生进行表扬，很容易使他们滋长骄傲情绪，在成绩面前沾沾自喜，在同学面前趾高气扬，自以为是。久而久之，老师的"惯"，同学的"捧"，使他们养成了全班以"我"为中心的毛病，傲气十足，得意忘形，导致学习下降，常常会在不知不觉中失败。

3. 过度表扬会使后进生受到伤害，产生自卑的情绪

教师如果一味的对优等生进行表扬，把后进生丢在一边不闻不问，这是对后进生的一种情感的伤害，会使他们在心里感到不平衡。对优等生产生嫉妒心理，从而对老师不满，产生一种抵触情绪。后进生心里失去平衡后，还会丧失信心，产生自暴自弃的现象。给他们的生活和学习造成极大的影响。

4. 过度表扬优等生会使优等生在班级中受到孤立

教师对优等生过度地表扬，很容易让后进生的心里感到不平衡，从而表现出对优等生的仇恨，优等生和后进生之间就会产生矛盾，影响他们的学习，使这些在班级中占少数的优等生受到孤立，成为离群者。

那么如何走出这种教育误区呢？

（1）重视优等生身心发展。优等生也是普通人，成绩好不代表心理健康。同那些后进生一样，在成长的过程中，也会有这样或那样的心理问题，也需要老师的关爱与帮助。任何漠视、忽视优等生身心发展的行为都是不妥的。教师应把每一个优等生都看做是普通的孩子，"教书"与"育人"并重，既重视优等生的学业成绩，又重视他们品德与心理上的健康成长。

（2）要充分认识优秀生在学生群体中的特殊性。由于优等生的学习成绩优秀，使这些学生长期生活在一个充满正面评价的环境中。得到老师的宠爱和同学的羡慕，使他们在班集体中有很强的优越感。同时因为这种过分的重视和关注又使他们往往承受着更大的压力，容易形成自负、脆弱等不良性格。教师要充分认识优等生在学生群体中的这种特殊性，并根据其特殊性采取相应措施给他们以切实的帮助。

（3）帮助优等生树立正确的成才观。教师应该帮助优等生树立正确的人才观。首先，要让他们认识到，祖国未来的建设，真正需要的绝非那些"高分低能"的书呆子，而是需要全面发展的综合型人才；其次，要有针对性地开展优等生思想教育的活动。通过活动，引导优等生树立正确的人才观，调动他们自我塑造的积极性。通过坦诚的谈话，教育、帮助优等生走出"光环"误区，在和谐的气氛中得到健康的成长。

（4）抛开功利之心。首先，教师绝不能把优等生当作自己晋职升迁的台阶，一味地强调学习成绩，要让学生在学习中发下包袱，轻松应对；其次，教师要尊重学生的人格，要教会学生在纷繁复杂的世界里学会选择，选择他们自己的生活，选择他们自己的道路，选择他们自己的事业。教师要积极地帮学生树立信心、培养兴趣。

（5）做好优等生的纠错工作。对于优等生教师要做到该批评时要批评，该教育时要教育。有的教师对优等生宠爱有加，就是错了也迁就；而对于后进生，一有错就小题大做，动不动告诉家长，长此以往，优等生洋洋自得，后进生内心不服。

其实，教师要知道优等生更需要教师适当的批评，这样有利于学生的成长。对优等生的教育要讲究技巧，不仅要"狠得下心"批评，也要给予适当、适时、适量、适度的惩罚，尤其不能无原则地迁就或放任不管，那样不利于优等生的进步。

"严"师出高徒

请看下面的案例：

8 年前，王刚因为上课爱接小茬，调皮好动，爱开玩笑，课外爱踢足球而成为上海某中学一个"后进生"，经常被老师训斥、责骂。甚至因为他的"屡教不改"而最终被班主任安排到一个人坐在教室里的最后一排。无奈之下王刚只能赴美读书。8 年后，王刚成了全美动画比赛个人组冠军，并被老师表扬为"天才"。

一个被国内老师视为后进生的孩子，却被美国老师表扬为"天才"。这种截然不同的评价与其说让我们看到王刚的另一闪光面，更不如说是对我国育人理念的莫大讽刺，也注定留给我们教育工作者一个深刻的反思：中国教育何时不再泯灭学生个性？好动、思维活跃、迷恋运动何时不再被视为学生的缺点？

科学家曾做过一个有趣的科学实验：把跳蚤放在桌子上。一拍桌子，跳蚤迅速跳起，高度均在其身高的 100 倍以上。后来，科学家们在跳蚤的头上罩一个玻璃罩，再让它跳，这一次跳蚤碰到了玻璃罩，连续多次后，跳蚤改变了起跳高度以适应环境。接下来，科学家们逐渐改变玻璃罩的高度，跳蚤都在碰壁后主动改变自己跳跃的高度。最后，玻璃罩接近桌面，跳蚤已无法再跳了。于是，科学家们把玻璃罩打开，再拍桌子，跳蚤仍然不会跳，变成"爬蚤"了。

其实，跳蚤变成了"爬蚤"，并非跳蚤已经失去了本来的跳跃能力，而是因为它们在一次次"碰壁"受挫后开始学乖了，甚至开始从下意识中学会委曲求"安"了。然而可悲的是，实际上玻璃罩已经不存在了，但跳蚤就连再试一次的勇气都没有了。

案例中的王刚，他最初的本性何尝不像一只生性活泼好动的"跳蚤"。但调皮好动，甚至有些叛逆的性格，遭到老师的责骂和打击。用

王刚的话说："当时总觉得班级是分等级的，我始终是差生。"可以推想，如果不是美国老师揭开了王刚头上的"玻璃罩"，这个个性鲜明、思维活跃甚至还有些桀骜不驯的学生，肯定会如同屡次遭到屏蔽的跳蚤那样，因为压抑沉闷的环境而消极沉沦，甚至一蹶不振。

当然，王刚在美国的学业成功案例，并不能说明我国教育一无是处，同样也不能说明美国教育就完美无憾。但作为教师我们必须意识到甚至承认，我们对后进生的偏见，而压抑了他们了天赋和潜力，不正如同那个限制跳蚤跳跃的玻璃罩子吗？

国内的"后进后"成了国外的"天才学生"，这个案例在给我们的教育者留下惭愧思考的同时，也让我们开始重新审视自己的教育工作，是否存在以下误区呢？

1. 严师一定出高徒

但有些教师奉行"严师一定出高徒"，对后进生只一味地强调严格要求，不去主动与后进生接触，了解他们在生活上、学习上的困难，不去掌握他们的思想动态，不能成为后进生的知心朋友，结果，师生之间的距离越严越远，甚至出现学生顶撞老师的现象。为师之严，须严中有爱，若只严不爱，严就变为了压，其最终结果是后进生无法理解教师良苦用心，总认为教师在有意跟他过不去而生逆反情绪。

2. 罚而不教

在对后进生违反了校纪校规时，有些教师认为惩罚见效快，不是细心去教导而是简单地进行惩罚：一是语言惩罚，如学生答不出简单的问题就说"你父母一定是近亲结婚"。后进生屡犯错误就说"你根本不是读书的料"，"下次还这样，我一定给你处分"等等。二是劳动惩罚，如拖欠作业罚打扫教室，上课迟到罚冲厕所等。三是金钱惩罚，如迟到一次罚五角，旷课一节罚一元等。这样以惩罚代替教育，不但对后进生的转化收效甚微，反而会产生很大的负面影响：语言惩罚的冷嘲热讽、威胁恐吓会严重伤害学生的自尊心，使其心灵受到创伤；劳动惩罚则会改变学生的劳动观念，劳动在他们心中不再是崇高光荣的；金钱惩罚会使学生形成"金钱万能"的观念。

3. 抑而不扬

因为后进生一般成绩较差，纪律观念不强，往往是班主任、任课教

师的重点注意对象，有些教师认为对后进生批评鞭策见效快，总喜欢将他们作为反面材料对学生进行教育，点名批评，指责教训，对后进生的表扬和鼓励却非常吝啬。长此以往，后进生会觉得努力了还是没有进步，因而情绪低落，甚至自暴自弃。

4. 堵而不疏

有些教师对后进生往往喜欢定制度，或要求后进生写保证书，即规定他们应该怎样不应该怎样，认为这样效果好。其实这种方法是一种典型的"堵"，其结果是治标不治本，不能从根本上解决问题，最后是学生屡禁屡犯，教师感叹"朽木不可雕也"。其实许多后进生并不是不记得纪律制度，而总是不自觉犯错，对后进生应知其心然后救其失。

在传统的教学过程中，教师对待后进生的方法除了上述几种情况外，有的老师甚至要学生把家长请到学校来。教师这样做多数都是因为"恨铁不成钢"，对他们这么浪费自己的学习机会感到痛心，更为他们带坏班级风气而感到气愤。显然教师并没有真正地冷静、理性地对待"后进生"并没有认真地思考过自己的行为可能产生的后果。毋庸置疑，任何一种方式对待后进生的教师的出发点都是好的，但是教师的表达方式并不能让后进生接受，结果教师总是会觉得自己"吃力不讨好"，学生觉得"老师跟自己过不去"。可见，教师在感情冲动的支配下，很难公平的对待每一个后进生。进而，教师和后进生之间的矛盾对立越发严重，师生关系逐渐恶化。加剧了后进生的厌学情绪，这对后进生的身心发展极为不利。但是必须承认，教师具有不可推卸的责任。因此作为教育工作者，我们必须走出这一教育误区，为后进生的健康成长创造一个良好的环境。想要达到这一目标，不妨尝试以下几种方法：

（1）转变观念，一视同仁。在传统的教学过程中，教师大都喜欢学习优良的学生，并且大部分精力都集中在这些学生的身上，歧视后进生，从而对他们漠不关心，造成了这部分学生的自卑倾向，因此在班级中，有几个孩子总受到表扬，几个孩子老挨批评，结果造成同学间不公平的倾斜现象。对待学生，无论他是出于干部权贵之家或平民百姓之家，无论他是品学兼优得好学生或是令人头疼的后进生，均应一视同仁，爱的公正，爱的让学生信服。老师也是人，偏爱乃至偏心是人之常情，但需要不时的反思自己。其实，每个学生都有自己的闪光点，他们

都想得到老师的肯定。法国教育家卢梭曾经说过："赞扬学生微小的进步，要比嘲笑其显著的劣迹高明得多"。因此我们要善待每一个学生，在我们眼中学生无贵贱之分，就像我们的五指，尽管长短不一，但各有用途。因此，作为教师要转变观念，对每个学生当成自己的孩子来爱。

（2）正确评价"后进生"。哪怕是后进生，也不愿意别人总说他"不行"。后进生之所以落后，是因为他在某一个阶段的不足确实比学习成绩好的学生要多。许多时候，一些后进生在开始落后的时候没有重视自己的差距，觉得与优等生差距不大，自己稍加努力就可以追上。同时也忽视了自己在能力方面的一些差距。等到与优等生之间的差距落得很大的时候才开始警觉。此时，他们并不是完全丧失了弥补自己的差距的能力，而是因为看到落后了太多，觉到无论再怎么追也追不上了，所以完全丧失了学习的信心，导致差距越来越大，自己也越来越落后。下面请看一段小故事：

> 一个女孩初学唱歌，别人说她的声音非常难听，根本不可能成功，因此女孩每次总是找一个非常僻静的地方，怀着非常自卑的心情在练习。不久，女孩发现，每次当她唱完的时候，旁边坐着一位老人总是在用赞赏的目光给她以热情的鼓励，这种鼓励，使得女孩认识到了自己的声音并不难听，还是能够得到别人的夸奖。久而久之，姑娘在老人的鼓励之下逐步确立了自信，最终成长为一个歌唱家。当这位姑娘来到当初练声的地方。想对那位给自己以自信的老人表示感谢的时候，人们告诉她：老人已经过世了，同时还告诉她，那是一位耳聋的老人——为了鼓励女孩成功，长期以来，老人一直都在装作"听得见"，一直在做出非常欣赏女孩声音的样子。

爱尔维修曾经说过："即使是普通的孩子，只要教育得法，也会成为不平凡的人"。所以，教师对于自己暂时落后的学生，更要保持信任、尊重、理解、宽容的态度，采用的教育方式也应该多为暗示、提醒、激励、督促。

（3）委托责任。教师可以有意识地安排一些事情让某个后进生去做，使其感受到教师的信任和关心，感受到自己的尊严和价值，体会到

成功的喜悦。让后进生在完成老师安排的事情过程中，逐渐改变对老师的敌意态度，改掉自己的坏习惯，从而产生教育效果。

（4）尊重后进生的人格。自尊心是人的自我意识的重要标志之一，教师应当尊重、信任后进生，逐步消除他们的疑虑。因为学习不好或纪律差，长期受到教师和同学的冷落、歧视，使他们一般都很心虚，对外界极敏感，外表虽套有一层硬壳，但在内心深处仍渴望得到老师和同学的理解、谅解和信任。因此，教师要尊重后进生的人格，引导他们走出心理误区。

（5）激发兴趣，树立信心。"兴趣是最好的老师"因此在教学中，教师要用良好的教学设计来激发他们的学习兴趣，创造一种利于激发学生内驱力的环境氛围，帮助他们改进学习方法，提高学习效率。在后进生通过努力取得成绩时既要立即肯定，对他们进行表扬，又要提出新的目标。后进生虽然有很多不足之处，但即使再差的学生也总有某方面的特长或优势，教师要善于捕捉他们身上的闪光点，抓住每一次的闪光点，适时地加以表扬。在班级工作中不要把后进生排除在外，可有意安排一些适合他们干的工作，更可以让一些取得进步的后进生介绍经验，发挥作用，让他们看到希望，激发进步的内在潜力，确立起不断进步的信心。

总之，教师所面对的学生无论是性格、成绩还是智力都是各不相同的。有的学生接受能力强，很快就能接受并消化老师所传授的知识；而有的学生基础差，或者反应较慢，接受知识就相对滞后。对于后进生，教师应该"因材施教"，帮助他们克服学习上的不良习惯，提高他们学习的积极性，增强他们对学业的信心。并以高度的责任心帮助教育他们，对他们倾注更多的关心和热爱。取得他们的尊敬和信任，才能"亲其师而信其道"。

家长会不要变成"训话会"

开家长会的目的本来是让家长对教学工作有知情权和参与权。对教学改革、管理模式起到一定的促进作用。可有不少学生说，每次开完家长会后因为自己成绩不理想或表现不好受到父母的责骂，甚至挨打。还有一些考试后的家长会，发布成绩排名。孩子成绩好，家长喜上眉梢；孩子成绩不好，家长愁眉苦脸。有的家长看了老师的脸色，回来就打骂孩子。家长会变成了"训话会"。

我们先看下面三段话：

张晓（家长）：我参加过很多次家长会，都觉得收获不大，流于形式的太多了。我想了解孩子的具体情况，但学校讲的不是这些。有一次家长会，居然是整个年级的家长都坐到操场，由年级负责老师作整体情况通告，然后介绍如何让孩子参加爱好班。

李小美（学生）：以前，每次看到爸爸去开家长会，我心里就七上八下的，不知道老师会说什么，很怕自己表现不好的事情被爸爸知道。有时甚至想偷听一下，看看老师和爸爸是怎样看待我的。有一次考后爸爸开完家长会回来，脸上阴沉沉的。饭桌上一言不发。我知道那是因为我考得不好。当时我的心里难过极了。这次成绩虽然不好，可我的确认真学习了，为什么大人就看不到我的努力呢？

王曼（学生）：一次，爸爸从学校开完家长会，回到家就给了我一个耳光，从此以后我就特别讨厌跟爸爸告状的班主任。

从上面的几段话中，我们可以看出家长会在一些学校已经变了味儿。家长会作为学校、家庭教育者双方相互交流教育思想、共同寻找教育方法的重要途径，越来越被教师和学生家长所重视。然而一些班主任和中队辅导员，由于经验不足，致使家长会在以下误区中徘徊。

1. 家长会过于"盲目"

具体表现有两点：①老师仅是为了完成学校规定的每学期召开几次

家长会的任务，或是凑热闹，见同年级其他班开家长会，怕别人说自己工作被动而随着开；②在每次家长会上，老师漫无目的、面面俱到地讲那些杂乱琐碎的问题，眉毛胡子一把抓，始终没有个中心议题。这样的家长会，因其盲目性而导致不深入、不切合实际，既浪费了大家的时间和精力，也达不到教育的目的。

2. 家长不能到场体罚学生

在召开家长会时，有的教师让学生通知家长，如家长不能按时到场，就拿学生示问，甚至罚站、罚款。有个学校的学生家长因路途遥远，距学校几十里。不能参加，老师就罚该生围操场跑步。

3. 家长会上教师演"独角戏"

在家长会上，不设圆桌设主席台，校方领导坐在上面，分管领导讲完班主任讲，班主任讲完代课教师讲。家长只有洗耳恭听，根本没有插嘴发言的机会。家长会成为教师传达心声的"独角戏"。家长成了听众、配角。

4. 家长会开成了"训话会"

在众多类型的家长会中，最普遍的就是"训人型"家长会。有的老师一旦发现学生考试分数不高，影响了自己工作考评成绩，便勃然大怒，冲学生发火还不罢休，还要在家长会上，对那些学习差的学生反复点名，再三强调、批评，诸如：家庭辅导跟不上了，孩子的学习习惯不好了，家长素质需要提高了，家庭环境有问题了等等。老师毫不客气地指责、训斥家长的失职，好像学生考不好完全是家长的责任，有的家长不敢去开家长会，甚至一见到老师就害怕。有的学生成绩不好或违反纪律，老师却"拿不住沙僧拿八戒"，家长代子受过，成了受训的对象，充当丑角。许多家长鉴于把孩子交给了学校，大话不敢讲。唯恐得罪老师，撒手不管，只好信奉"严是爱，松是害"的老俗语。没有兴致再向学校掏心里话。

5. 家长会上报告成绩

有的老师开家长会的主要目的，就是跟家长汇报学生的学习成绩，以取得学生家长的积极配合。于是在家长会上，便向家长宣读每个学生本次考分、上次考分、进步幅度和其在班内同学中所排的名次等。这样全班六七十名学生，每个学生都有四五项数字需公布，少说也得半个小

时。殊不知家长们只需运用不到 10 秒的时间集中注意力听自己孩子的几项分数，至于其他，他们不想也无法听明白，这样就浪费了大家的时间，严重打击了家长们参加家长会的积极性。

还有一种情况是把家长会开成了"培训会"。由于受"应试教育"思想的束缚，使很多教师和家长普遍地重智轻德。首先，在老师看来，只要考的分数高，就是好学生。学生成绩好，学校对老师考核的成绩就高，老师不仅能拿到一笔奖金，还能说明自己有能耐、有水平，进而博得大家的钦佩。反之，会做思想工作、会转化后进生又有何用？这样，有些老师就毫不犹豫地把家长会开成了"家庭辅导培训班"：大力表扬学习成绩好的，不留情面地批评成绩差的；充分调动家长们进行家庭辅导的积极性，培训家长如何辅导孩子做家庭作业，如何批改家庭作业，如何教孩子打算盘，如何辅导查字典，如何辅导写日记等等。还有的干脆让家长跟着自己学"a、b、c、d"，以使家长能在家里准确无误地辅导孩子拼音。

综观上述种种表现，不难看出这些老师对家长会的意义缺乏深入探究。那么家长会究竟应该发挥怎样的作用？什么样的问题应属于家长会上解决的范畴呢？教育专家认为，只有认真分析家长会这一特殊教育形式自身所固有的属性，方能把握其本质，从而走出家长会的误区。

（1）家长会具有主导性。家庭教育是依附于学校教育而存在的，学校教育对家庭教育来说，起着应有的不可取代的主导作用。所以在家长会上，作为学校教育代表的班主任，必须讲明学校教育的指导思想和所采取的教育措施，以使家长在此教育思想的指导下，寻找家庭教育的方法和途径。

（2）家长会具有针对性。家长会必须是在班主任深入学习教育理论和长期观察本班学生的实际，并发现有关问题的基础上，有针对性地召开。比如，针对学生的学习习惯、生活习惯、思想行为、交通安全、文明礼仪以及智力的开发、非智力因素的形成等方面的问题，分别召开相应的家长会，一次一个主题，内容集中，使家长会开得深入，进而达到解决实际问题的目的。

（3）家长会具有交流性。这是由于家长会的重要作用决定的，家长会的重要作用之一就是教育者双方相互结合，共同寻找对孩子实施正

确教育的途径。所以家长会就应该变教师一言堂式为研讨交流式，即也让家长说一说孩子们在家里的表现，说一说家长在家里通常采取什么方式教育孩子，从而使老师更全面地了解学生和家长，并由此明确下一步班集体应采取什么样的教育手段，开展什么样的班队活动等。这样，通过交流，教育者双方便在教育思想上达成了共识，增强了教育合力。

（4）家长会具有计划性。计划性是指作为班主任要针对本班学生的实际，围绕最终教育目标制定出一个较为长远的教育计划，比如本学期要召开几次家长会，每次家长会要解决什么问题，要有个通盘的打算。这样就不至于眉毛胡子一把抓，从而避免了盲目性。

（5）家长会具有衔接性。在家长会有了统一计划的基础上，要考虑这次家长会与上次家长会所讲内容的衔接问题，看上次家长会制定的教育目标是否达到，布置的教育任务是否完成等等。然后在总结经验的基础上，制定出更明确、更切实可行的教育目标。

此外，开家长会不应该设主席台，要平起平坐。在开会时，教师不要侃侃而谈，要尽量多听听家长对学校的意见和建议。当然，教师先来个开场白，提出会议的主题，简要介绍一下学校教学、管理、发展情况，但不应喧宾夺主。

家长进了学校是客人，出了学校是主人。从年龄上分析，家长和老师都差不多，有的甚至比老师还大。按称谓，都是兄弟姐妹相称，在家长面前，不能用给学生上课的那种口气讲话。对于个别违纪的学生应单独和家长会面，要避免在大庭广众下点名批评，造成尴尬局面。只有以诚相待，才能赢得家长的尊重，才能把家长会开成"知无不言，言无不尽"取长补短的会。

不要轻易向家长"告状"

苏霍姆林斯基指出:"教育的效果取决于学校和家庭的教育影响的一致性。"可见,学校教育离不开学生家长的支持和配合。的确,学生的家长来自各行各业,家庭也形形色色,家长对孩子的要求、期望更是多层次的。作为一名教师,必须掌握家校联系的艺术,学会和家长沟通,才能在教育学生的理念上与家长达成共识,形成教育的合力。但目前很多老师陷入了向家长"告状"的误区。

1. 把家长当"出气筒"

有些老师在学生犯错误后,立刻就向家长告状,把家长当"出气筒"。向家长"告状"不仅会造成学生和家长之间关系的冷漠、疏远,还会让学生出现逆反心理,而更多的学生则会认为这是老师无能的表现,从而对老师出现了不信任、不理解的态度。

2. 在向家长报告学生的学习及品德表现时"告状"

教师一般是通过家长会、家访、家校联系簿等方式,主动向家长"报告"学生的学习以及在校表现等。因此,有些家长因为自己的子女在学校表现不好,每次在听老师告状的时候都受老师批评,很没面子,所以出现了怕与老师沟通的情况。

3. 老师认为和家长沟通与学生无关,不让学生参与其中

很多教师事先没有征求学生的意见,直接联系家长,向家长反映学生的在校表现,偏执的学生会认为老师一定是在背后说了自己的坏话,从而降低了老师在学生心目中的形象,产生抵触情绪。

针对以上误区,我们可以发现,向家长告状会造成学生与老师之间矛盾的激化,也会造成家长对老师工作的不信任、不配合,不利于德育工作的展开。那么如何与家长进行切实有效沟通,走出"告状"的误区呢?

(1) 用赞扬的话语来提高家长信心。请看下面的案例:

杨欣是成绩很落后的学生,他平时总拖拉交作业,上课时很少听讲。刘老师多次联系杨欣的妈妈,希望她能来学校一趟,但是她总以各

种理由拒绝了，刘老师想这可能是因为以往各科老师每次与杨欣的妈妈联系，都向她"告状"，使她对孩子失去了信心。于是，刘老师决定亲自到杨欣家里走一趟。在家里，刘老师发现了杨欣妈妈紧张的表情，刘老师笑着说道："您别误会，我今天来不是要告诉你杨欣又在学校犯了什么错误，而是要向您报喜。"随后，刘老师把杨欣在班级里积极劳动，帮助同学的事一一告诉了杨欣的妈妈，此时，杨欣的妈妈脸上充满了喜气，激动地拉着刘老师的手说："真的吗？不瞒您说，这是我第一次听到有老师表扬我们家的孩子。"随后的气氛开始融洽了，刘老师顺势提出养成好的学习习惯的重要性，杨欣的妈妈表示一定配合学校，在家中做好督促工作。渐渐地，刘老师发现杨欣的作业开始交了，上课也比以前认真了。

由案例中我们可以看出一味地批评、告状只会让家长失去信心，对孩子放任不管，不配合学校的管理工作，而适度的赞扬，能使家长重拾信心，赢得家长的配合，又可以在孩子身上产生积极的"期待效应"，为孩子的成长提供不竭的动力。

（2）用了解来指导家庭教育。请看下面的案例：

郑阳是一位非常内向又懒惰的同学，在学校里，班主任马老师很少看到他的笑容，而他又喜欢上课睡觉，好几次上课睡觉被任课老师发现后，他还不承认，各个任课老师都向马老师诉苦。一天放学后，马老师把郑阳留下，在与郑阳的沟通中，马老师发现郑阳是一位非常偏执的孩子，他认为老师经常喜欢向他爸妈告状，而每次他爸妈看到短信后，就和他唠叨个不停，因此，郑阳感到很厌烦，同时马老师从郑阳的语气和表情中，感觉到郑阳很恨他的妈妈。郑阳和马老师讲了这样几件事：妈妈过生日的时候。郑阳想帮妈妈做些事，于是便跑到他家开的店里帮起忙来，但他妈妈非但不领情，还骂他不务正业；有几次郑阳放学后没有按时回家，他妈妈就怀疑起来，大声斥责，并问他是不是到哪里去"鬼混"了。说着说着，郑阳便在马老师面前流下了眼泪，眼神中流露出了极度的委屈和憎恨。马老师的心情久久不能平静了，然后告诉郑阳决定去他家看看，郑阳开始惊慌："老师，你不会又要去告我的状吧？"

马老师笑着说："你放心，我不是去告状的，我只是想了解下情况，并帮你解决问题。"见郑阳脸上还有疑虑，马老师说道："还不相信啊，走，咱们一起去。"刚进家门，郑阳妈妈就开始数落起来，怀疑郑阳是又干了什么坏事，所以老师才"登门造访"。马老师打消了郑阳妈妈的疑虑后，与她聊了起来，在与她的沟通中，马老师把郑阳讲的几件事说给了她听，郑阳妈妈表现出了惊讶，她说自己从没想过这样做会让儿子这样憎恨自己，并告诉马老师，其实她很爱儿子，只是从来不轻易表露出来。听郑阳妈妈这样一说，马老师发现郑阳的妈妈确实不善于管教孩子，才会与孩子的关系变得如此紧张。马老师告诉郑阳妈妈："过多批评与责骂只会让孩子失去对学习的兴趣，同时还会对家长感到厌烦。"郑阳妈妈特别感动，并表示以后不责骂自己的孩子了，最后马老师还诚恳地劝告郑阳妈妈，孩子在学习上表现不好。不能一味地骂他，最好能像朋友一样坐下来和他谈心，找出他学习的困难，并不断鼓励他、帮助他。郑阳妈妈听了马老师的话，诚恳地点了点头。

从那以后，马老师发现郑阳开朗了许多，郑阳告诉马老师，现在妈妈对他的态度好多了，不会每天都为学习而跟他唠叨，而他也渐渐下定决心，改掉上课睡觉的坏毛病。

从上面的案例中，我们不难发现，作为教师我们要做的不是孤立学生，与家长私自沟通，而是应该把这种沟通公开化，让孩子也参与进来，让家长、老师与孩子的关系平等化，用合适的方法调解家长与孩子之间紧张的关系，并用正确的方法指导家长如何管教孩子。

教育家马卡连柯指出："没有家庭的支持，学校的许多工作都是白费的。"家长、老师、学生这三部分在教育中是一个整体，是完整不可分割的。因此，教师必须走出"告状"的误区，掌握同家长沟通的艺术，让家庭教育与学校教育相辅相成、相得益彰，形成强大的教育合力，为造就学生健康美好的未来奠定基础！

家访时不要只走访后进生家庭

家访是学校、家庭结合教育的重要形式，也是教师从事教育教学工作中不可或缺的一个组成部分。然而，当前家访中仍存在一些误区极大地损害了教师在学生及其家长心目中的形象。

1. 家访范围小，眼光紧盯后进生

优等生的家庭班主任一般不会主动出访，中等生的家庭班主任无兴趣出访，只有差生才会进行家访。即使是差生，班主任也只是在学生犯错或发生重大事情之后，才会去家访。久而久之，使家长怕到学校，怕与老师见面，从客观上削弱了家长与学校配合的热情。

2. 向家长告状，报忧不报喜

有的教师把家访变成一次告状的好机会，变成了对学生的"批斗会"，这是家访中的大忌。教师家访是为了沟通信息，交换意见，与家长合作提高教育效果。而有的老师在家访时将学生说得一无事处，却忽略了如果在家长面前一味地说学生的不是，容易引起家长的情绪波动，对子女进行蛮横的指责或粗暴的痛打，这样教育的效果不但达不到，反而容易引起学生对老师的厌恶及对立情绪。他们认为老师借家长压服自己，无意中就在师生之间设下一道鸿沟，老师事事教育，学生处处设防，这样的教育非失败不可。

3. 家访方法单一，将家长视为"接听器"

有些班主任对自己的教育能力过分自信，不相信家长是教育工作的助手，或认为家长不懂教育，因此轻视家长，对家长的意见不屑一顾，家长只有听的份，有时甚至会流露出厌烦的情绪，使用讽刺、挖苦性的语言对待学生家长，特别是对后进生的家长，严重刺伤了家长的自尊心。

4. 在家长面前用分数压学生

教师家访一个重要的内容是要谈及学生的学习情况。家访时如果谈到成绩差的学生在班里的分数和名次，很容易使家长感到失望。而学生也感到没有自己长进的希望，往往会产生厌学或者弃学的想法。一个

年轻教师在家访时用消极的口气谈了差生的学习情况并对前程进行了预测，第三天这个学生便退学了。后来老师找到了该学生的家长得到的回答是："既然他不是学习的料，就早一点让他放羊吧！"可见家访方式不对的话，教育效果则会适得其反。

5. 在家长面前夸大渲染学生的隐私

中学生处于身心发育阶段，他们的内心世界丰富多彩，教师通过学生的作文、阅读和谈话，可以观察、了解到学生的内心世界，一旦窥探了他们的隐秘性心理，便在家访时火上加油，捕风捉影地在家长面前大肆渲染。这样的话好心常会办坏事，教育不当反成祸。特别是对中学生的早恋现象，教师若能自己解决，就不必告知家长。

6. 讨好家长，无目的家访

教师家访必须目的明确，为解决教育对象某一方面的问题而谈，而不应借家访之名与那些居其位、有其权的学生家长套近乎，以图私事之实，这样的话必然引起家长的不悦，必然降低自己在学生中的威信。

7. 家访时滔滔不绝，把家长当听众

很多教师在表达方面都非常厉害，而且对学生责任心很强，如果时间允许，能够不停歇、不重复地讲，能就学生的表现及问题讲几个小时。往往这样的老师，家长非常认可，也很感动。因为家长们知道这样的老师能对自己的孩子了如指掌，可见其用心良苦。但是，如果在家访时教师仍然滔滔不绝，家长会感觉"插不上嘴"，就是个忠实的听众。

8. 家访就是访问

与上面情况相反的，就是一些不善言辞的老师。他们心里装着学生和家长，事业心强、做事认真负责，可就是"茶壶里煮饺子——道不出来"。这就会使家访好似"答记者问"，使双方陷入尴尬的局面。心理距离怎么拉近？亟待解决的问题怎么研究？这样的家访也是失败的。

那么，如何认识到这些误区，那么我们如何更好地进行家访呢？

（1）制定家访计划。家访前，老师应根据学生的在校表现和实情，制订一个细致而有序的家访计划，设计此次家访的内容和要达到的目标。如果需要家长配合才能达到教育目的的，教师要事先拿出细致可行的家访方案，与家长共同协商，征询其意见，并诚邀家心协同实施。家访的时间，教师也要事先与学生商量，与其家长沟通，征得双方同意。

只有根据计划有系统地开展家访活动，才能达到家访的目的。

（2）家访中，教师为家长出谋划策。家访过程中，教师的言语往往是家长判断孩子有无成才希望，学生判断老师是否信任自己的尺子，其作用不可谓不大。清代教育学家颜元说过："数子之过，不如奖子之长。"因此，作为教师在家访时要正确运用心理暗示，用这把看不见的尺子，在家长面前对学生多一些赏识、多一些激励，把成才的希望带给家长和孩子。

（3）拓宽家访范围。教师要树立正确的学生观、人才观，用全面的观点来看待每一个学生。因此，教师要拓宽家访范围，不仅要对后进生进行家访，也要清楚地认识到优秀生和中等生也有缺点和不足，也有进一步提高的必要，一经发现他们某方面存在问题，便要立即家访，给予指正，以拓宽家访的范围。

①上门报喜，鼓励后进生。鼓励、赞美是教育艺术的精华。成长中的学生需要教师及时对他们进行关心和鼓励，作为一名合格的教师，更应不失时机地对学生进行鼓励，学会赞美学生。尤其对于后进生，恰到好处的赞美是一种投资少收益大的鼓励行为。教师如能抓住时机，在后进生取得进步的时候上门报喜，会产生意想不到的效果，不仅给家长带去了希望，而且点燃了后进生的心灵火花。

②合理的建议，改变中等生。中等生既不影响纪律，也无突出表现，往往会被老师忽视。其实，他们是最容易产生变化的，教师应给予更多的关注。中等生如感觉不到师爱，就会产生"滑坡"趋向。教师应密切关注他们的思想波动，切不可漠视学生的这种心理状况，应抓住机遇及时家访，了解家长的教育方法，提出合理建议，与家长齐心合力，改变他们"得过且过"的中庸心态，激起上进心。

③指出问题，引导优等生。优等生是班里的佼佼者，但他们因一直受到关注和赞美，容易产生自大心理或承受不起挫折的脆弱心理等方面的问题，所以教师要善于利用家访这个渠道，发现优等生身上存在缺点，对其严格要求。教师应做到严而有度，严而有方，决不能以惩罚代替教育，而是"严师益友"般的爱，使学生"亲其师，信其道"，把对教师的爱折射到学习中去，产生积极德育效应。

（4）提高自身教育素养，改进家访方法。教师要不断提高自己的

语言能力、品德修养，并改进家访方法。家访时态度一定要诚恳热情，尊重家长，多采用建设性口吻，如"你看，我们可否这样做……"，告诉家长一些教育方法，并耐心倾听家长意见。即使与家长看法有分歧，也应平静地晓之以理，动之以情，做到以礼待人，以理服人。这样家长自然也更尊重，支持教师的教育工作。

（5）拓展家访话题。教师应根据学生家长相应的文化素质，工作性质，性格爱好选择家访话题，比如学生平时的劳动习惯、心理健康、社会交往、家庭教育的情况及学校班级的教育状况等都是家访好话题。

从培养 21 世纪新型人才的长远目标出发，无论科技发展到何种程度，家访的特殊作用都不可小觑，更无可替代，它能增加教师与学生、家长的情感基础，与家长形成合力，解决学生的个别问题。因此，教师要树立正确的学生观、人才观，用全面发展的观点、辩证统一的观点看待每一个学生，把握好每一次家访的时机，用爱心、责任心去影响每一个学生。

不要一有问题就"请家长"

处于特殊年龄阶段的中学生是否能得到全面和谐的发展，则需要学校和家庭共同努力来加以保证。而"请家长"是学校与家庭联系的方法之一，它最直接的效应是，家长首先会从内心感受到老师的热情真诚，工作认真，不摆架子。而这些认识，正是家长配合教师教育的前提，是教师得到家长配合教育的心理基础。

有的老师因为学生不交作业、上课不认真听讲或违法校纪校规，要求学生喊家长来学校，多数情况下，教师和家长能够很好沟通，但是也有的闹出不愉快，双方都紧张，都有怨气。有些学生怕老师动不动喊家长，虽被"勒令"，却不敢回家，或者由于喊不来家长，老师不准其上课，整日在外游荡，难免惹是生非，产生违法行为。

据调查，学生普遍认为：老师让喊家长，实际上就是"告状"。家长也觉得：孩子回家"喊"家长肯定是闯了祸。所以学生喊家长时必定要受到家长的一顿训斥，个别的还要受到皮肉之苦。家长来到学校，多是听老师列数自己孩子的条条"罪状"，心里当然不好受。这种"喊家长"的教育方式如果不加以改善，不但起不到预期的效果，而且还会加大学生的抵触情绪，增加学生对老师的反感。

因此，"请家长"作为老师与家长沟通的一种方式，本身并无过错。但是应该注意以下几点：

1. 目的明确

为了什么事，请家长要达到什么目的，是不是能够收到预期效果，在请家长之前教师都要先想清楚，免得劳心伤神，还不见得解决问题。有一些任课老师一生气就给学生下指令："叫你的家长来一趟，你要再不好好完成作业我就不管你了"。像这种老师冲动之下做出的请家长的决定往往是徒劳的，这样即使把家长请来了，也达不到目的。要换一种思维方式，把请家长这种沟通不要仅仅局限在后进生，可以适当扩大范围。比如，孩子有进步了，给家长报个喜讯；学习成绩优秀或某一方面

表现突出的学生，可以把家长请来给其他家长介绍介绍经验；召集几位家长座谈一下，听一听孩子们的心声及家长的建议；即使学生有了错误除了告诉家长之外，更多的是指导家长如何帮助和教育孩子。总之，不要把"请家长"这种善意的举动搞得那么沉重，让孩子惧怕，让家长不安。作为教师可以让"请家长"变成老师与家长之间一种平等的沟通与交流。

2. 态度要客气

尤其是后进生家长，都有一种自卑感，具体表现在不愿意听到自己孩子学习成绩差、不愿意因孩子违反学校纪律而被叫，不愿意听到别人议论自己孩子的短处。因此，后进生也就不愿意让学校轻易叫家长。教师不管后进生在校有什么表现需要请家长到校时，不能对家长动辄训斥或者什么也不说，让家长犯急，要学会用缓和的语调、客气的态度在征询家长同意后，把家长请到学校。请家长到学校，不要只等学生违反学校纪律或学习成绩下滑时，还要在学生有了一些进步或者受到表扬、奖励之时。要让家长感觉到班主任请家长是出于关心学生、对学生有耐心的善意举动。既不是对家长兴师问罪，也不是把学生当成"杂草"拔掉。在谈话结束，家长要离开学校时，班主任一定要"和气"相送，并恳请家长常来学校与教师们沟通。这样，家长们会逐渐变得主动来学校，与教师们相沟通的频率也会渐次有所增加的。

3. 倾听家长诉说

把家长请到学校后，教师首先要把学生的表现如实地通报给家长，不添油也不加醋，证据要有可信度，语气要和缓，语调既不高也不低，且一边讲一边还要观察家长的情感变化。一旦家长有激动的行为，教师可以暂时停下来，并及时给家长以安慰。教师在向家长诉说的时候，不要迅速谈出自己的观点和立场。教师在把情况说清后，要及时停下来，倾听家长的诉说。此时的学生家长会带着一些情绪来表达自己的看法，甚至有些看法是冲着学校和教师们来的，言辞有可能比较尖锐。当此时，教师切莫在中途打断家长的话，要耐心地让家长把话讲完。当家长讲完话后，一般情况下情绪会稳定下来的，待家长稳定了情绪，班主任方可阐明自己的看法，并不断地用征询的口吻对待家长，这样的沟通既尊重了家长，又解决了问题，也拉进了与家长之间的距离。

4. 帮助后进生家长树立教育信心

凡后进生的家长，与教师一样，看到学生缺点多，优点少；对学生责罚多，褒奖少。因此家长对孩子的前途失望大于希望。那么，如何帮助家长树立教育信心呢？首先，作为教师要与家长对学生重新"诊断"，根据家长的感受、教师的观察，共同找出学生身上存在的优点，并寻找让学生发挥优点的时间和空间，寻找在学生有了进步之时表扬和奖励的适当时机。也要分外注意不能轻易露出家长与教师主观上"合谋"的痕迹。在促使学生进步的试验中，要不断加强教师、家长和同学们的协力关心度，关心的分寸和火候要适当，以免使学生有一种不适应感。因为，一个后进生，从小到大所面临的大多是来自于教师的批评、家长的责罚、同学们的挑剔或冷落。长时间的缺乏关爱和肯定，使这些学生与别人相互沟通的思想之门紧紧地关着，对别人的"施舍"很敏感，甚至有一种防备的姿态或敌视的眼光。教师要不断引导家长，对后进生教育的效果和后进生反馈来的举动要有足够的耐心，要知道，融冰须有柔和的光。

5. 矫正家长的"成才观"

大部分学生家长把自己甚至全家的希望寄托在孩子身上，并且为了实现他们那很不实际的目标，对自己的孩子提出并实施着一些不切实际的措施。他们恨不得让孩子像成年人那样做事。往往这些不切实际的想法和措施，使那些天真活泼的孩子变得心理严重的不健康，与家长之间的思想代沟越走越深。因此，教师应将家长的"成才观"矫正。在这里，教师可以设计一些问题，说一说学生家长或者是自己成人、成才的实践经验，要及时给家长讲清楚作为一个人在不同年龄段的不同生理和心理反应，以及与之相适应的学习、活动特点，逐渐打消家长"自己在小时候做不到，却要求自己的孩子一定得做到"的错误思想和行动。教师帮助这些学生家长树立正确的"成才观"是做好家长工作的基础。

6. 及时矫正家教方法

家长和学生也是教育的对立体，家长的教育效果与家长的性格特征有着密切的关系。因此。教育学生的方法，也得因家长和学生的不同性格特征，施以不同的导引法，这叫做因势利导、"对症下药"。此外，教师要告诫家长做到两点：①要做到自我规范行为表现，尽量给自己的

孩子创设一个温馨的家庭、健康的学习和成长环境；②对孩子的关心要持之以恒，要多疏导，少施压，多鼓励，少责罚。

我们有些教师通常只在学生犯错误，有问题时才想起家长，才与家长联系，而不是在问题发生之前就相互交流、协商。因此，走出"请家长"的误区才能防止问题的发生或把问题消灭在萌芽状态。

对待早恋要慎重

"只求曾经拥有，不求天长地久"，这句口头禅已经在中学校园泛滥成灾。越来越多的中学生卷入了早恋的滚滚洪流。我们先看下面的案例：

一天下午放学后，在某中学就读的余刚和其他同学一起打完篮球。同班女生王丽上前用纸巾帮他擦汗。这个动作被他们的班主任汪老师看见，她认为两个学生早恋了，当即将王丽喊到办公室。她给王丽看了两页日记，是汪老师私下从余刚放在课桌内的日记本上撕下的，上面记录着余刚对另一名女生的好感。

汪老师还告诉王丽，余刚对王丽不是真心的，余刚脚踏两只船。几天后，汪老师又将余刚的日记拿给班上其他几个学生看。而此时，余刚已无法承受巨大的心理压力，当天便离家出走。第二天才被家长找回。

第三天余刚回校上课，但仍有学生对他指指点点。余刚父母要求汪老师在全班赔礼道歉，消除影响，但被汪老师拒绝了。

没过多久，余刚便将自己的班主任告上法庭。要求汪老师赔礼道歉，并赔偿精神损失费。

这是一起由"早恋"日记引发的法律纠纷。和案例中的汪老师一样，有的班主任视学生早恋为"大逆不道"，一旦发现哪个学生有早恋行为就采取"紧急措施"，如公开点名批评，或虽不点名，实有所指的暗示批评，勒令检查、扣压信件、限期断交等等，甚至动辄斥之为"作风不正派"、"思想品质不好"，或用讥讽挖苦的语言当众羞辱学生，或向家长告状，借家长之手严加管教。这种简单粗暴的处理办法，极大伤害了学生的自尊心，使正陷入早恋迷途的学生感到压抑和苦闷，可能促使个别认识模糊、心理承受能力差的学生为"殉情"而轻生，为"私奔"而出走，更多的学生则出于逆反心理，越是反对，态度越坚

决；越是禁止，谈得越热火。

随着社会发展的变化和人们日益开放思想观念，早恋现象在学生群体不断扩大。一些家庭孩子家庭父母忙于工作，学校老师工作的疏忽，再加上自身人际的开放，失衡的心理环境严重影响孩子的身心发展。作为班主任，我们采取更多的方式是"围追堵截"，甚至有的会像案例中的汪老师一样偷看学生的日记。显然这是不对的。中学生到了一定的年龄，出现爱情的幻想和冲动，这是人性的自然现象。因此，作为班主任在大力提倡男女同学间正常交往时，不是放任自由，而是细心观察，辨别是非，正确引导，还应该根据学生的个性特点进行不同的教育方法。把学生早恋的现象消灭在萌芽状态之中。

目前中学生早恋的发展趋向主要有三个：一是谈恋爱的年龄越来越小，现在的小学生谈恋爱也并不鲜见；二是早恋的比例越来越大；三是早恋中的行为越来越成人化，越来越开放、大胆，越来越公开化。这就需要我们的教育工作者在对待这一问题时，要冷静地思考，除了呼吁社会各界要真正地高度关注青少年这一特殊群体外，我们的教育工作者该怎样做呢？

1. 认清"早恋"的原因

任何事情的发生都有其原因，导致中学生出现早恋现象的原因大致有如下几点：

（1）生理发育成熟，渴望异性的抚慰。现代社会，随着生活水平的逐渐提高，为青少年学生生理发育提前成熟提供了物质条件，学生生理和心理的一系列变化，使得他们关注异性，渴望接触异性，甚至可能萌发对异性的爱慕之情，渴望得到异性的抚慰，这是正常、自然的事情。

（2）缺乏关爱，寻找感情的寄托。在家庭中，一些学生的父母工作繁忙，无暇照顾自己孩子；一些学生的父母离异，在对待孩子的抚养、教育方面相互推诿，甚至不闻不问；有些学生由于学习繁忙，负担过重，和父母、老师之间缺乏沟通交流，得不到家庭的温暖和学校的关爱，使得这些学生缺乏感情寄托，为了寻求补偿和安慰，寻找倾诉的对象，因此到异性那儿去寻找感情寄托。

（3）学业负担过重，压力过大，需要宣泄情感。现在的教育体制

还没有从根本上向素质教育转变，社会衡量学校办学成功与否，更多的是关注学校的升学率，随着就业市场的竞争愈演愈烈，许多家长也渴望孩子上重点学校，各种补习班如雨后春笋般出现，补习资料铺天盖地而来，五天一大考，两天一小考，造成学生学业负担过重，心理压力巨大，因此想找个自己欣赏爱慕的异性倾诉心中苦闷，宣泄情感，减轻心理压力。

（4）影视书刊影响，寻找刺激。现在社会上的影视、书刊过多地反映社会的阴暗面和情爱的东西，而学生的心理发育又不够成熟，其价值观、人生观还没有完全形成，不能辨别善恶美丑，为了向同伴炫耀，满足个人的虚荣心或者看到别人有了异性朋友心生羡慕，从而盲目模仿。

2. 引导学生认识早恋的危害

不论出于何种动机，早恋对中学生的身心健康状况都是不利和有害的。这主要表现在以下几个方面：

（1）早恋影响学习。有很多中学生认为谈恋爱可以促进恋爱双方学习和思想上的进步，但实际上，除了少数学生在恋爱之初，为了博得对方的爱慕而在学业上下了一些苦功夫外，大多数学生一旦过早恋爱，往往会表现上课神情恍惚、注意力分散、情意绵绵，看书根本看不进去，对班级开展的各项活动，都提不起精神来，个人正常的学习和生活秩序遭到破坏。他们开始更注重穿着打扮，学习成绩下降很快。即使是原来学习成绩很好的学生，学习成绩也会急剧下降。这说明早恋对于正在担负紧张学习任务的中学生而言是不适宜的。

（2）早恋影响学生的生理和心理的健康发展。处在青春期的中学生，其生理逐渐走向成熟，但毕竟还未完全成熟，如果过早恋爱，不仅影响学习，而且还会因各方面的阻力造成性格上的缺陷。这主要是由于教师和家长对中学生早恋大多持否定态度，发生早恋的学生总是东躲西藏，长期处于"地下工作"的状态，精神高度紧张。既担心同学知晓，又怕老师、家长批评制止，于是他们基本不同或很少同他人交往，沉湎于两个人的世界里。对班级、学校的一些集体教育活动，漠然视之，不愿参加甚或有抵触情绪，于是疏远同学、脱离集体。阻碍了生理和心理的健康发展。

（3）早恋影响思想品德的发展。中学生在思想上、道德上对爱情的理解和认识还很不成熟。中学阶段正是学生社会化的过渡时期，他们根本就没有承担社会责任的能力，社会责任感，道德感和法律意识都很淡薄。不可能理解真正的爱情，不可能承担爱情的社会责任。他们的理智往往控制不了情感，也不能很好地控制调节自己的感情，最终只能歪曲甚至玷污了纯真而美好的感情，给双方带来了痛苦。再则，中学生经济上尚未能独立，事业尚未开始，使爱情失去了牢固的基础。所以说中学生尚不具备恋爱的条件。

3. 冷静对待，了解事实

随着社会的发展和观念的更新，越来越多的青少年开始结交异性，他们结拜兄妹，在课堂上互传纸条，上学放学结伴回家。课后在一起讨论有关学习、追星、网络等问题。教师在发现了学生异性交往的反常现象之后，不必大惊小怪，一定要冷静对待，弄清事实真相，以免伤害学生的自尊心，因为有些学生可能只是对异性有好感而已，他们渴望与异性交往是为了获得异性同学的尊重和友情，这是成长的需要，是成长过程所必须经历的。男女同学问的正常交往如果遇到干涉和无端猜疑，结果会使他们产生对抗心理，有时会弄巧成拙。即使是早恋，也要弄清发生的原因及发展的态势，以便寻找对策。

4. 分析原因，耐心疏导

如果学生真正地发生了"早恋"，班主任不必恼羞成怒、谈虎色变。中学生的早恋过程本身，往往就充满了矛盾。想接触，又怕被人发现，既愉快、又痛苦。"热恋"中的学生往往会被一时的快乐所蒙蔽，过分夸大对方的优点。教师需要在弄清早恋行为发生的原因：是社会的，还是家庭的；是学校的，还是个人的原因。然后对此进行耐心地引导：你们的生理和心理成熟了吗？你们有能力承担相应的责任吗？你们在经济上能够独立吗？你们有足够的时间和精力吗？同学们会如何评价呢？你们的父母会对此持什么态度呢？爱情是两情相悦的，但维系爱情真谛的还有责任、信任、理解和忠诚，你现在有这个能力吗？这种耐心疏导，而不是训斥和强行的制约，能在理性上和情感上打动他们。

但在疏导的时候要注意以下几点：①注意选择谈话的时间、地点、场合不要引起其他同学的误解；②谈话要以疏导为主，不要当作犯错误

149

而严肃处理，为下一次谈话设置障碍；③一次谈话后要给学生以思考的时间，不要快刀斩乱麻，立竿见影地解决问题；④谈话的同时要对其进行感情的抚慰，以免伤害其心灵。

5. 动之以情，晓之以理

苏联教育家马卡连柯说过"恋爱是不能禁止的""。因此，作为教师在平时学习和生活中一旦发现学生有早恋现象，不管是否证据在握，都不能发火斥责、羞辱打骂，而是要用心关爱，正面疏导，即动之以情，晓之以理，循循善诱。使他们认识到在思想尚未定型、心理尚未成熟、经济尚未独立、事业尚未定向，各方面还处于发展阶段就过早谈恋爱，对自己身心发展和现在的学业、生活等都极为不利，一旦发现他们有早恋迹象，就要及时谈心，机智地暗示、点拨，力求将早恋消除在萌芽状态。指导他们正确处理和异性的关系，增强自控能力，学会驾驭自己的感情。切忌动辄批评，甚至不分青红皂白就大肆声张，大发雷霆，大打出手，这样，只会起到催化剂的作用，加速他们的早恋进程，他们一旦产生逆反心理，就会互相鼓励、互相吸取力量，身处困境的共同遭遇会促使他们情感联结得更加紧密，为了寻求温暖和慰藉他们甚至会做出越轨的举动。

苏霍姆林斯基曾告诫我们："教学生怎样对待爱情，这是教育工作的最细腻的一面，它要求教师真知灼见，把教育技巧与教育艺术结合起来……不仅是教育工作而且是全人类智慧和文明的标志。"因此，作为教师在预防和处理早恋的问题上的方法虽然很多，但在实际操作的过程中，我们的工作一定要细致，并力求实效，要让学生感受到到老师是在处处关爱他、帮助他，作好他们的向导，教会学生自己调节，自我宣泄。

慎重对待"小偷小摸"

 每位教师都可能会遇到小偷小摸的学生。教师在对待这些学生时，往往会采取以下两种方法：一是追究到底，把事情查个水落石出，狠狠地教训小偷小摸的学生，也让其他学生引以为戒。二是找小偷小摸的学生谈话。争取通过苦口婆心的说教，让学生痛改前非。

 显然这两种方法都不是妥的，也过于"小儿科"，那么如何对待小偷小摸的学生呢？

 1. 给小偷小摸的学生自我反省的时间

 其实，有的学生犯错误并不是蓄谋已久的，很多时候犯错误只是一念之差。给他们一点自我反省的时间，他们就会找回自己暂时丢掉的可贵品质。请看下面的案例：

 李凯总是偷拿同学的铅笔、橡皮、尺子等学习用品，有次他偷了一位女生的钱包。陈老师决定当着全班同学的面好好教训他一顿，但是，转念一想，偷东西理应受到批评，但不能让李凯抬不起头来。如果今后同学们把他当成一个小偷来看待，那么这对于一个正在成长的学生来说无疑是个巨大的打击。于是陈老师就想了一个两全其美的办法，决定给李凯一个机会。

 下午，陈老师把李凯叫到了办公室，说："我出去办点事情，你帮我打扫一下办公室吧。"办公室里只有李凯一个人，陈老师也想借机看看他是否会拿办公室的物品。半个小时后，陈老师回到了办公室，发现李凯把办公室打扫得干干净净，没有动任何物品。于是，在班会上陈老师当众表扬了李凯认真负责的精神，并趁热打铁，宣布由他来管理班级的图书架。陈老师特意对李凯说："我们相信图书一本都不会丢，你一定会把图书管理好，不会让我们失望的。"李凯使劲地点头，并表示自己一定会干好这份"工作"。后来的日子，李凯表现得很出色，图书一本都没有丢，并且书架每天都保持得很干净，陈老师看在眼里，记在心

里，有一天还特地给李凯的家长打电话表扬了李凯。

一周后，那位丢钱的女生告诉陈老师，钱包又回到了书包里。同时，陈老师还收到了一张字条，上面写着："谢谢您，陈老师，谢谢您没有让我难堪。我以后再也不偷别人的东西了。我又找回了自己丢掉的东西。"

通过这个案例，我们可以知道那些犯了错误的学生只是暂时地遗忘了某些品质，只要我们给他们机会和时间，并加以引导，我们有理由相信，他们一定能找回自己丢失的东西。而教师的信任、理解、宽容、耐心、细心就是触发学生心灵的灵丹妙药。

人非圣贤，孰能无过？平等地对待有过失的学生，给他们更多的关怀，也许有一天，这些学生会还你一个惊喜：丑小鸭变成白天鹅了！

2. 开展法制宣传活动，为学生提供一个学习法律知识的机会

请看下面的案例：

李老师在上德育课的时候给学生讲述了两则截然不同的故事：一个学生在偷窃后主动承认错误并归还了钱物，他得到了老师和失主的谅解，老师答应为他保守秘密；另一个学生偷了东西后抵死不认，结果闹到了派出所，弄得全校皆知，他个人以及班级的名誉受到了很大的损坏，成了班级中的"独行侠"。

李老师讲完故事后启发学生："听了这两则故事后，你有什么感受呢？"班级中形成一定的舆论导向后，李老师趁热打铁，又通过学校少先队，聘请校外法制辅导员到班级内开展了一次题为"小偷小摸危害大"的专题讲座。在活动的筹备、进行过程中，学生们接触到了《预防未成年人犯罪法》、《未成年人保护法》等相关法律，法制意识得到了加强。此外，李老师还组织全体学生观看了电影《围墙内的自白》，通过一个个真实的少年犯故事、一句句令人警醒的独白、一声声催人泪下的哽咽，以及一曲交织着悔恨与痛苦的《铁窗泪》，让学生的心灵受到了极大的震撼。

3. 暗设"警察"，提高学生自律能力

学生中小偷小摸的行为之所以又会继续发生，一定程度上与学生的

麻痹思想和侥幸心理是分不开的。针对这一点，教师可采取了两种措施：①在班中暗设行为监督岗，选择一些自己比较信任的学生充当"警察"，对外不公布监督岗成员名单，但让全体学生知道有这么一回事，使每名学生时刻提高警惕，加强自律；②在家里请家长故设陷阱，暗自监督，增强孩子抵抗诱惑的能力。

4. 摸清学生小偷小摸的根源

学生小偷小摸行为不应该简单地看成是思想品质问题，而应该更多地从心理的角度去分析行动产生的原因，以宽容和微笑对待学生的逃避与反抗，让学生从心底里愿意改正。请看下面的案例：

刚开学一学生就向董老师汇报，说是他的电子辞典不见了，可是怎么查都查不出原因，董老师就告诉学生自己保管好自己的东西，在自己的东西上做记号等，可是这样也只太平了没几天，班中还是陆续地不见东西，不是课外书，就是学习用品，甚至钱也开始不见了。后来，董老师在学生的帮助下，总算把这只"幕后黑手"抓住了，原来是班上一个外地学生小崔干的，一通教育之后，董老师把小崔的爸爸叫到了学校。并把发生的事简单地告诉了小崔的爸爸，周老师没想到，小崔的爸爸和小崔当场在就在办公室吵开了。这样胆大妄为的学生在董老师十几年的教书生涯中还是头一次遇上。董老师知道碰上了难题，小崔的父亲离开学校后。董老师开始改变教育方法，变强攻为软攻，和小崔聊家常，并和他保证不会把他的事说出来，最后小崔把自己的心里话说了出来，原来事情的根源还是出在他父亲身上，小崔家从外地过来的，家境很一般，他父亲认为钱来得不容易，所以连必要的学习用品也没满足他，他只有到别人那里拿。董老师马上做通了他父亲的思想工作，保证了他的学习用品。为了对班里的学生有个交代，董老师就说："我们班有一个同学做错了事，想借东西时没和别人打招呼就自己拿了，这个同学的名字我暂时不说，我相信我们班的同学都是宽宏大量的人，我们给他一个改过的机会好吗？如果他不改，我再说出他的名字好吗？"这样，既保证了这个学生的尊严，又对其他学生有了个交代，并且起到较好的警示作用。

一波刚平一波又起，有一天，小崔的父亲来到学校找到了董老师。

原来小崔虽然改掉了在学校偷东西的习惯，却把坏毛病带到了家里，经常背着父母拿家里的钱，有一次拿了整整200元。他父亲很生气，狠狠打了他一顿，但还是不管用，他继续偷拿家里的钱。董老师知道这个情况后，多次家访，找到了根本原因，原来，事情还是出在他父亲身上，因为生意忙，很少关心小崔，甚至很少和小崔说话，但要求又严格，动不动就打，导致小崔产生了逆反心理，于是就采取报复行动，而且怎么严厉的教育都不见效。董老师便采取了与小崔"套近乎"的策略，亲近他，关心他，让他产生了信任；同时又做通了小崔父亲的工作，要他注意教育方法，多抽时间与孩子沟通，改善父子关系。经过多方努力，小崔彻底改掉了小偷小摸的行为，而且，学习也上进了，在学校举办的朗诵比赛中，获得了优秀奖。

从这个案例看出，对待学生的不良行为，不能机械地教训，要注意方法，特别是要摸清学生产生这种行为的根源，在顾及学生心理的同时对症下药，循循善诱，关怀备至，就能扭转学生的不良行为，杜绝小偷小摸现象。

"十年树木，百年树人"，教师的工作是树人的艺术，它需要我们倾注大量的爱和心血。只要我们工作中多一份思量少一份冲动，多一份朋友一样的倾心交谈，少一份埋怨和指责，多为学生做几件实事，少几个高高在上的指令。

那么，就算再厚的冰也会被溶化，在贫瘠的土地也会长满庄稼。

批评要分场合

在学生良好的思想道德品质、行为习惯的养成教育中，我们提倡正面教育，多表扬、少批评，但这并不意味着排斥批评，其实，批评和表扬一样，只是一种教育手段，都必须把握好一个分寸，一个尺度，否则不仅达不到预期中的效果甚至适得其反，因此问题的关键不在于表扬和批评的本身，而在于怎样有效地用好这种手段，不过要强调的是运用批评这种手段教育学生更要慎而又慎，随便不得。在我们教师当中有不少教师甚至工作多年的老教师往往不能科学地运用批评这种教育手段，存在不少误区：

1. 批评不分场合

很多教师习惯在办公室里批评学生，勒令犯错误的学生到办公室里，教师指着学生的鼻子大声指责、训斥，有时在场的其他老师或侧目而视，或随声附和共同"声讨"，被批评的学生常常是无地自容、低头不语，或用对立的眼光瞪着老师，或用眼泪排解受到的委屈。也有的教师在课堂上遇到违反课堂纪律的学生，便忍无可忍地喝令学生站起来。课堂气氛顿时紧张起来，几十双眼睛一下子聚焦在被罚站的学生身上，学生碰到这种事，有的恐惧不安，有的满脸羞愧，有的表现得毫不在乎，也有个别的学生根本不把老师放眼里，车马对炮地顶撞起来了，弄得老师下不了台。其实办公室是教师备课，课堂是教师工作的地方，在此公开批评学生并不好。有的学生由于性格内向，心理敏感而脆弱，自尊有余而自信不足，一旦在这些公开场合当众被老师指责，就会觉得自己受了莫大的羞辱而自卑消沉下去；有的学生会认为班主任有意在众人面前让他下不了台，嘴上不说，心里却不服，虽当面红着脸认了错，但背地里仍我行我素，唱对台戏；还有的学生性情暴躁，容易冲动，一旦在这些场合挨了批评，便觉得大失面子，感情失去控制，知错而故意不认错，甚至公开顶撞老师，凡此种种，都使批评失去效力，难以收到预期的教育效果。

2. 批评不分时机

有些教师只要见到学生犯错就批评，于是那些经常犯些小错的学生几乎是天天挨批，因此他们往往把老师的"谆谆教诲"当着耳旁风，任老师苦口婆心的说教，就是屡教不改，有的甚至是破罐子破摔。这与教师批评不讲究时机有一定关系。那些经常遭到批评的学生与老师的心理距离越来越大，这样的学生当然听不进老师的话。

3. 不考虑批评对象的心理承受能力

有些教师处理问题时非常情绪化，如果学生尤其是差生犯了错误就表现得义愤填膺，不区分学生性格、性别的差异，全然不考虑不同对象对批评的心理承受能力，满口教训斥责。这样的批评，只能使师生之间的感情距离拉大，更不利于教育学生。学生纵然表面畏惧和认错，内心却持反抗、抵触的情绪，或者只是为了尽早地摆脱挨训的窘境。

4. 缺乏应有的耐心

不少教师在批评有"前科"学生时，常常控制不住自己的情绪，不仅是"电闪雷鸣、暴风骤雨"，而且往往喜欢"新账老账一起算"。被批评的学生会觉得老师对自己有成见，是故意和自己过不去，因此，抵触情绪油然而生。而这些老师对自己的做法解释为"恨铁不成钢"，殊不知把"铁"变成"钢"靠这样粗暴的方法常常是不能奏效的，所谓"百炼成钢"，是急躁不得的。

每个学生在成长的过程中难免有时会犯些错误，对于学生犯错给予批评教育，也是出于在对学生的关爱。但批评不注意方法，不掌握分寸，有时会适得其反，加深矛盾，影响了师生之间的关系，因此，教师在批评学生时要注意以下几个方面的问题。

（1）批评注意场合。有经验的老师在批评学生时，善于创造和风细雨式的氛围，以加强师生感情的沟通，让学生亲近他、信任他，真正从心灵深处认识自己的错误，从而迅速改正。楼梯口、走道边、操场上、甚至大街上、商场里……每一处都可以成为他们教育学生的场所。因此，批评的场合恰当与否，关系到批评效果的好坏。教师应根据学生犯错误的性质、程度选择适当的场合开展批评，给学生创造认识和改正错误的良好环境。

（2）对待差生，慎用批评。值得一提的是我们在差生转化的工作

中，对差生不得已而进行批评教育时，更需采取慎重的态度，更要把握分寸，别看差生整天一副嘻嘻哈哈、满不在乎的神情，其实他们的心理更脆弱，更经不住批评，教师稍有不慎，轻则引起他们的逆反情绪，导致破罐子破摔；重则对他们的心灵造成难以愈合的创伤，丧失对前途的信心，甚至可能因此辍学而流入社会，走上歧途。因此，对待差生，更要慎用批评。

比如，在发生差生的优点和某方面取得成功的时候，以赞赏的眼光、真诚的态度对该生进行表扬的同时，抓住时机，恰如其分地指出他的不足或过错，为他指明努力的方向，这样的批评就容易被接受。再如，当你放下架子来到学生宿舍问寒问暖的时候，当你冒着大雨来到学生家中为他补课的时候，当你急切地来到学生的病床前表示问候的时候，利用这样的时机进行教育，我想即使是顽石也会点头。

（3）批评时要考虑学生的心理承受能力。学生如同树上叶片一样，面孔不一样，个性也不一样。一般情况下不要当众批评学生，内向的、心理承受力弱的学生当众批评则容易导致心理自卑。不碍大局之事小题大做当众批评学生，学生会认为你使他难堪，会引起公开对抗，引发争吵，反而会适得其反。因此，教师在教育学生时要尽可能选择和创造一个良好的氛围，晓之以理、动之以情，因材施教，对同一种错误行为的批评，我们要区分批评对象是男生还是女生，是性格内向的学生还是性格外向的学生，是品学兼优的学生还是表现较差的学生，分析不同个性的心理差异，采取不同的教育措施。尤其教师在处理学生早恋、小偷小摸、迷恋不健康网页等棘手问题时，一定要考虑到学生的心理承受能力，既要严肃对待，又要让学生理解老师的真诚，感受到老师的爱，从而回到正确的人生轨道上来。

（4）批评时要"一视同仁"。有的教师对自己喜欢的学生，尤其是班干部不愿批评，就是批评也总轻描淡写，而对待表现一般的学生，尤其是后进生，则不能一碗水端平。不管是先进还是后进，不管是班干部还是一般学生，有了缺点错误都应受到批评。如果该批的不批，不该批的狠批，那就会使学生产生反感，降低教师的威信，造成班级的不团结。

（5）批评时要尊重学生。从道德和法律意义上来讲，学生的人格上是与老师平等的。有的教师常用挖苦、刻薄、伤害学生自尊心的话批

评学生。这样，被批评的学生就会产生仇视的思想和自卑的心理，在错误的道路上越滑越远。所以，批评学生时要尊重学生，不要讽刺挖苦，不可横眉怒目，拍案指鼻，以显师者之威，更不要恶语伤人，导致矛盾激化。因此，学生有错，教师在批评时要顾及他的自尊心，批评言语要恰当，不可伤害学生的自尊心。

（6）批评时必须实事求是。有的教师批评学生，把偶然的失误算成是一贯的，把个别学生吵架说成是破坏班级团结。这种小题大做，扣大帽子的批评方式，不能使犯错误的学生心悦诚服，也不会得到多数同学的支持。因此，批评时必须实事求是，有一说一，有二说二，不要任意夸大。

并且，在批评学生时要做到有理有据、事实清楚、责任分明。切不可只凭道听途说，凭人打"小报告"就信以为真，听风就是雨，而去胡乱批评人，结果使师生之情产生裂痕。

（7）批评时不翻旧账。学生有错时，作为教师批评要及时，要有针对性，尽量不涉及旧事。而有些老师为了加强说服力，便把心中积存的有关此学生的问题全部抖落出来，来算总账。这样做只能使学生反感，产生对立情绪。

事实上当学生有了错误，我们当老师的能诚心诚意、恰如其分、就事论事，适当地指出错误所在，通常是容易为学生所接受的，学生也是愿意改正的。只不过良好的道德行为习惯的养成具有反复性、曲折性、长期性，教师不能指望通过一两次谈话就能改掉学生身上的一切错误并不再重犯。从心理机制上说"习惯是经过长期多次强化和积累而建立起来的一种动力定型和自动化了的条件反射系统"。一个人要养成良好的道德行为习惯是很艰难的，反过来一个人要改掉不良的道德行为习惯也是不容易的，只要有一回经不起诱惑而失去了对道德的追求，重做起来就会变得更加困难。因此教师要有不厌其烦的耐心，批评的态度要真诚，批评的方法要能为对方所接受，否则就达不到预期的效果。

综上所述，批评作为一种教育方法，必须以不挫伤学生的自尊心，使学生易于接受并勇于改正错误为前提，教师既要倾注一腔爱心，又要在实践中把握好分寸。通过不断学习，讲究教育艺术，走出批评的误区，这样我们的工作将更有成效。

不可滥用"感恩教育"

有数据显示：当今社会约有63%的学生不知道父母的生日，约有43%的学生不知道父母的年龄。而父母给子女过生日却高达93%。这些现象反映了现在学生的感恩之心还是非常缺乏的。因此，感恩教育是学校教育的根本出发点之一，也是每一个教育工作者必须重视的话题和义务。但是感恩教育在实施过程中还是存在一些误区：

1. 滥用感恩教育

有的教师在初一学生刚入学时，就跟学生讲父母多么辛苦，到了初二、高二，开的班会课一样还是"感恩的心"。对学生的主题教育没有计划性，没有考虑到学生的心理特点阶段性。结果就出现了这样一种现象：一开始跟学生讲父母亲恩的时候很多人会流泪，多讲几遍，很多人就麻木了，甚至还会偷笑。

而有的教师对于那些"品行不端、不思进取"的学生，通常采用的一招就是"打亲情牌"，进行感恩教育。比如，学生不好好学习了，就经常对他说"你父母花那么多钱把你送到学校来读书，他们多不容易。你怎么不好好读书来报答父母的养育之恩……"

2. 感恩教育的目标不明确

有些教师在进行感恩教育时只重视感恩知识、感恩经验，忽视学生在感恩教育中的情景体验；重视传播文化知识功能而忽视教化功能；把学校变成了教育的"生产线"，违背了教育的规律，甚至认为做一场感恩教育的活动就实现感恩教育的目的，其实违背了感恩教育的本意。

3. 感恩教育的内容缺乏科学性

高校的思想政治理论课程中没有设置有感恩教育课程。有的教师在教学中所涉及的感恩教育内容又缺乏现实性，不能贴近学生的实际生活，甚至出现"知其善而不为"、"知其恶而为之"的现象。此外，感恩教育缺乏科学性，忽视人文教育，缺乏终极关怀，没有把社会道德要求转化为个人的道德信念，也就不能使促进学生的德性发展和人格提升。

4. 教育方式陈旧，缺乏针对性

有些学校的感恩教育尚处在探索阶段，因此，教师在教育方式上沿袭了以往的单向传授为主，方法单一，只是把自己所掌握的相关知识传授给学生，缺乏情感体验、意志考验和行为表现的感恩教育注定是脱离实际的道德说教，只能是纸上谈兵，隔岸观火，缺乏针对性，效果不明显；其次，感恩教育实践活动也往往流于形式，这无疑是感恩教育中的短期行为，没有把感恩教育活动系统化、序列化并纳入学校长远规划，势必使感恩教育缺乏系统性，削弱了感恩教育在实现学校培养目标过程中的实效性。

5. 感恩教育的评价目标不明确，比较笼统、抽象

部分教师往往没有按照时间维度和发展阶段的不同，将学生日常感恩教育实效性评价目标细化，感恩教育的评价方法单一，对感恩教育的评价没有从纵向、横向或交叉的对比中来对效果进行判断。只是单纯地从学生日常感恩表现进行评价，缺乏对评价客体大量信息的收集，缺乏客观性和准确性，不利于后续工作的开展，无法彰显评价的作用。

从上述种种误区我们可以看出，加强学生的感恩教育是教育发展的必然要求，也是培养学生健康心理和健全人格的必然路径，对于建设和谐校园、和谐社会同样也具有独特而不可替代的作用。这不仅直接关系到现阶段中华民族的整体素质，而且关系到我们民族未来的素质以及国家的前途和民族的命运，因此，加强学生的感恩教育已是当务之急，教师们也必须上好感恩教育这一课。那么，教师在感恩教育实施过程中要注意哪些问题呢？

（1）认识感恩教育。首先，感恩教育是一种文化构建，需要时间浸润，需要多方努力。因此，教师不能把感恩教育当成走过场，而应当将它转变成构建和谐校园的精神血液。教师务必提升自身素质，为人师表，方能让学生耳濡目染，以达到"春风化雨、润物无声"的功效。在感恩教育中，老师得先有感恩之心，感恩之行，用人格魅力对学生进行感恩教育。

其次，感恩教育应该是一种"平民化教育"，应该避免"高、大、全"的人物说教。感恩父母、感恩师长朋友、感恩社会、感恩自然……每个人都有感恩的权利，都有感恩的义务。教师在进行感恩教育过程中，若不能摆正感恩的"平民"身份，就易陷入"感恩是大人物的事"的误区，学生也会无法从身边和生活中体验到"感恩"的情绪，也会因此而找到铿锵有力的"不感恩"的托词。因此，教师在进行感

恩教育的过程中要讲究方法，要从平常生活中去感化学生。

再者，感恩教育不是单层面的思想灌输，应引导学生寻求最有意义的感恩方式。感恩意识绝不是说声"谢谢"或以物质回报的形式所能涵盖的。学生回报父母、老师、朋友的最佳方式就是学会做人。因此，教师在感恩教育时除了多开展一些超越功利色彩的、温情和谐的活动外，还应根据学校情况，多开展一些人文教育，使学生对历史、人文、传统美德加深了解。只有这样才能使学生从长远的、大局观的角度认识到感恩意义以及感恩的方式。

（2）点拨学生识恩、知恩。感恩意识的前提是要让学生了解"恩"，体会"恩"。要让学生认识到他们所获得的一切并非是天经地义、理所当然的。大而言之，大自然的赐予、祖国的培养；小而言之，父母的教育、师长的教导、朋友的帮助，点点滴滴都是毫无功利的给予，因此，教师应当挖掘教材蕴涵的感恩思想，利用传统美德教育，把感恩教育融入教材中去，通过情境再现、故事讲述、踏访遗迹、查阅资料、唤醒记忆、换位思考等途径，点拨学生知恩，引导学生去捕捉日常生活中受到的恩惠。

（3）培养学生感恩意识。感恩教育是一种情感活动，实施感恩教育要做到以情感人，陶冶学生的道德情操。教师可通过感恩宣言、感恩演讲、写感恩家书、感恩征文等一系列活动，培养学生树立感恩意识。请看下面一个让人震撼的报道：

深圳歌手丛飞因少年时期接受过别人的帮助，长大成才后，为了回报社会，他先后捐款300余万元资助了170多名山区贫困生，许多孩子借助他的资助而完成了学业，成为社会有用之才。照常理来说，这些被救助的孩子理应感激丛飞。然而，当身患胃癌晚期的丛飞因卧病在床经济拮据，不得已停止资助时，不仅很少收到感恩之言，相反一些曾受助的学生及家长反而埋怨丛飞不继续资助他们。还有一位大学毕业在深圳工作的被救助者，在被采访问及是否回馈丛飞时，竟然说他月薪只有三四千元，无法报答这病魔缠身，债务累累的善良歌手。

看到这样的报道确实让人震惊，让我们不得不思考一个问题：现在

的学生都没有一颗感恩之心吗？

感恩，是中华民族的优良传统，是一个人的基本品德，是人的生存发展需要得到满足以后产生的主动寻求回报的一种心理体验，是人性的高贵品质。因此，作为教师培养学生的感恩意识是非常必要的。

（4）引导学生感恩于行动。实践感恩教育目的就是培养学生的感恩意识，让学生知恩于心、感恩于行，能用实际行动报答父母、回报师长、报效祖国、回馈社会，引导学生在力所能及的范围内去报恩。因此，教师要注重言传身教、潜移默化，用高尚的人格魅力教育影响学生。如开展感恩活动进家庭、进学校、进社区活动。如设计"为父母洗一次脚"、"为老师敬一杯茶"、"为长者让座"、"扮靓自然"等活动，使学生懂得感恩是做人之本，是快乐生活之源，使感恩落实到行动。

（5）以沟通为感恩教育的坚实后盾。父母与子女之间产生代沟，很大程度上是因为两者缺少沟通，这时教师就应该有目的地让学生主动与父母沟通。了解父母的生日、父母的童年、父母的工作情况、父母的爱好等。了解在自己的成长历程中父母所做的事，体会父母对子女的付出的辛劳与良苦用心。

教师也应该加强与家长的联系，鼓励他们去与孩子沟通，反映学生在校的学习、生活情况，教会家长与孩子沟通的方法，特别是忙于工作，很少与孩子相处的家长们，让他们了解孩子心中所想，在了解事实的基础上进行教育得到事半功倍的效果。现在有不少的留守儿童，缺少父母关爱的孩子应受到更多的关怀，防止这些孩子因不受到关心而成为一个冷漠的人。

在中国传统文化中，感恩思想一直占着主流地位，儒家讲求的"忠、孝、节、义"等思想引发出来的感恩意识，并以此为"人性"的根本，秩序的来源和社会的基础，儒家文化将其最大化渗透于政治、社会、家庭等各个层面，成为传统文化的基本要求。而今感恩意识的缺失，特别是在处理人际关系上，学生普遍缺乏感恩意识。导致这一现象的原因固然有很多，但我们的教育难辞其咎。人们常说："体育不好出'废品'、智育不好出'次品'、德育不好出'危险品'"，这是大家从实践中总结出来的经验，用生活的语言表达出来的。因此，要创建和谐社会，继承中华民族的传统美德，我们就必须对学生进行感恩教育，培养学生感恩意识，使学生常揣感恩之心，常怀感激之情。

不要自以为学生早该知道

一、定义错误

教师犯的第一个也是后果最严重的错误，就是想当然地认为学生早该知道我们希望他们做的事情。我们经常想当然地认为，学生年龄越大，懂得的事情就会越多。有些人甚至会认为这些学生可以读懂我们的心思，而当他们没有按照我们的想法去做时，又会认为这是他们在违背我们的意愿，或是对我们的不尊重。

通常，当我们急于施教时，却往往会疏于为教学奠定一个正确的基础，忘记了这个基础恰恰是教学能够顺利实施的根基所在。没有这个基础就不可能存在有效的教学。我们太急于向学生传授知识，以至于忽略了那些可以使知识的传授和学习更加有效的基本准则和常规。

——你自己是不是经常这么说，或者听到你的同事这么说：

——我不会去告诉他在我说话的时候插嘴是一种不礼貌的行为！他已经七年级了，早就应该懂得这个道理！

——不用我说，八年级的学生就应该知道走廊里不得喧哗。

——总不至于要我去告诉一个五年级的学生说没有我的同意就不能离开自己的座位吧。

——如果还要教基本准则和常规的话，那我们哪还有时间来讲课文啊？

这种想当然地认为学生应该知道的想法将是我们在课堂上所犯的最严重的错误之，因为如果我们想当然地认为他们应该知道的话，那在他们没有实施我们期望的行为时，我们就会出现防范和不满的心理。

二、错误范例

回想起我第一天执教时的情景，仿佛是昨天才发生的事情（虽然我一直试图忘记这段经历）。5 月份我刚刚大学毕业，正憧憬着在下半年开学的时候开始我的教师生涯。那是 6 月初的一个早晨，因为不用早起，所以睡得特别香，这可是一种难得的享受。但这种享受没持续多久就被打断了。

早晨 7 点半，电话铃声响起。那时的我当然还在做着美梦。我接起电话一听，居然是我住的公寓街对面的一所高中的校长打来的，说是需要一名老师去带一个班的暑期英语。该校原先定的带这个英语班的老师没有去，所以校长就给学校教务处打电话要求再找一个老师。因为我不久前在公共学校系统里刚提交了工作申请，所以他就从我的申请表上知道了我的名字和联系方式。

"我这边 36 个学生都已经在体育馆里坐着了，但老师却来不了了，"校长说，"你有没有兴趣过来带这个班啊？"当时的我还处在半睡半醒的状态之中，想着自己应该是在做梦，于是就回答说马上就过去。接下来的事情我记忆犹新，他们就给了我一把教室的钥匙，答应会尽快把教材送过来。此外，也没有给我任何跟课程配套的教师手册之类的东西，为此他们倒还表示了一下歉意。最后，我所面对的就是那 36 个昏昏欲睡、死气沉沉的孩子，盯着体育馆的空气发呆。除此之外，其他的所有情况我都一概不清楚。虽然可以说最后我是带完了这个暑期班，但却不能说很成功。大部分时间里我都是在苦苦挣扎，但至少还是熬过来了。用游泳打个比方的话，我虽然没有淹死，但整个过程中也只是勉强没有沉下去而已。

现在回过头想想，当时我犯的很多错误都是显而易见的，而其中最大的问题就是我当时一直认为，作为高中学生，这些孩子应该早就知道在课堂上应该怎么做。就是因为有这种想法，于是我根本没有告诉他们必须遵守我的各种要求！我觉得我是老师，所以这些学生就应该知道要按照我的要求来做，而每次当他们不按我的要求做时，我就会感到特别受挫！他们怎么就敢这么做呢？难道他们不知道我是他们的老师吗？

三、如何纠正错误

我的学生并没有按照我的要求来做。随着时间一天天的过去，到最后我已经感到精疲力竭，毫无办法了。我一直百思不得其解，都这么大的孩子了，为什么他们就不知道我对他们的要求呢，而我自己怎么就没有早点意识到其实这些事情本应该都可以在我的掌控之下呢？我任由这些学生在我的课堂上以他们自己的方式行事。我任由自己想当然地认为因为他们这么大了所以就应该有这样的能力来读懂我的想法。而且我还任由自己得出这样的结论，即这些学生之所以没有按照我的要求来行事，很可能是因为他们过去失败的经历。他们来参加这种暑期班就是因为他们在过去的学期里没有学好。于是我把本该由我来行使的权力拱手让给了这些学生，而另一方面却又责怪他们没有按照我的计划来好好行使这种权力。

我想很多人都应该有过这样类似的经历。你每前进一步就得后退十步。该求的也求了，该辩的也辩了，该惩罚的也惩罚了，该抱怨的也抱怨了，把学生叫去办公室、通知家长这些方式都用了，但还是没有起到任何效果。这时的你已经精疲力竭，一点劲儿都使不上了。

那么，你现在应该如何是好？

答案：保持自我。向你的学生就你没有准确把你的要求告知给他们，以及没有在课堂上自始至终地正确贯彻这些要求的事情道歉。然后请求他们帮助你从头再来。问问你的学生，他们是否介意你先占用他们一点上课的时间来说明一下课堂的各项规则和要求。做完这个步骤后再重新开始！教师这个职业有一点很好，就是我们可以随心所欲地选择一年中的任何一周的任何一天来作为开始新一周的"星期一"。

花点时间来做一些改变。在跟学生进行协商后，你可以通过解释和举例说明的方式来教他们理解你对他们的要求。一旦你把某项规则的实施解释清楚，你就可以付诸于实践。要让学生在你的指导下去达到你的要求。在你对这种实践感到满意之后就可以开始去实施每一个这样的要求。

接下来是对我们大部分人来说最困难的一点，即我们要持续地去执行样的规则从而能够使之发展成为一种习惯。如果你允许你的学生开

始用他们而不是你的方式来执行这些规则后，那所有的努力就都前功尽弃了。持续地执行是关键所在，而这样做所能带来的成功则稳稳地掌握在老师的手中。

四、如何避免错误

为了避免犯这样的错误，就应该先假设学生对我们的想法一无所知。我们要利用开学初的几天时间来做好相应的铺垫。我经常会在新学年开始之际做以下的工作：

（1）向学生就我对他们提出的大量要求和期望表达一下歉意。

（2）对学生就不同课堂存在不同要求的事实表达一下同情。

（3）向学生保证，我真切地希望他们能够争取达到我的所有要求，但如果真的达不到我也不会觉得这是一种失败，而只是会把它作为重新审视我所提的要求的一个理由。

接着，我就可以开始立下最初的各种规章和要求，并且开始付诸实施。但在此之前，我自己应该先明确地列出各种规章和要求的内容，并且制定一个完整的计划以便于在开学初的几天时间里向学生一一进行解释和说明。

把你认为能够顺利、有序并且高效发挥出课堂功能的最重要的要素做一张列表。以下列表可供参考。

1. 进入教室

2. 从容不迫

3. 打铃

4. 削铅笔

5. 使用课堂材料/设备

6. 分发/收取课堂材料

7. 吸引学生的注意力

8. 吸引老师的注意力

9. 课堂参与

10. 完成家庭作业

11. 课堂发言

12. 小组活动

13. 丢垃圾
14. 召开家长会
15. 电话家访
16. 要求洗澡的特权
17. 考试

第一天就讲第一点。把你的要求准确地教（告诉、展示、举例等等）给学生。然后，让学生不断地练习。可以让他们进行角色扮演，也要允许他们出现错误！其实让他们犯错的做法才是正确的。而且要让这种练习充满乐趣，这样一来，不管什么年龄层次和年级的学生都会享受练习的这个过程。通过练习来不断地纠正各种错误。这样一来，当你进入执行阶段的时候就只需要简单地对学生进行提醒、巩固即可。

在每所学校，有多少课就代表着会存在多少规章、制度和要求。学生不会总是去猜测老师在想什么。（对于这一点我们应该感到万幸才是！）在开学之际就应该向学生明确提出你的要求，花几天的时间来把这些事情教给孩子，让他们进行相应的练习，并不断地执行下去。要对这些规章和要求适时地进行调整和修改。一定要明白，如果没有老师的指导，不可能存在一个井然有序并且高效的课堂，所以说老师是关键所在。对自己和对学生都要要求正确地去执行这些规章和要求。在态度温和的同时要坚持原则，在乐于帮助学生的同时要做到不屈不挠，在坚持不懈的同时也不能盛气凌人！

不要从个人角度看待学生的言行

一、定义错误

老师和学生，不管处在什么样的年龄层，也不管之间有多大的年龄差距，都不可能从相同的角度来看待世界上的各种事物。在老师看来很重要的事物可能在学生眼里却没有丝毫的价值。如果老师把这种相反的看法当作是对自己的违逆和攻击的话，那就不可能达到有效的教学效果。

我记得在我的教学生涯早期曾经发生过这样一件事情。我的一些学生很明确地向我表示他们"不喜欢写作"。当时我惊呆了。我可是他们的英语老师啊，而且他们必须学习写作。我喜欢写作，而且我也要让他们喜欢写作。如果他们不能爱上、喜欢上写作的话，我自身就肯定存在一定的问题。是我，我，我，我！我从我自身的角度来对待了这些学生提出的问题。我感觉特别不好，很不开心！有一次在治疗的时候，我提到了这件让我很苦恼的事情（那天的治疗师正好是其他在休息室的老师），有一位老教师说了下面一番话，让我顿时感到豁然开朗。

"要时刻牢记，'讨厌'这个词通常是'害怕'的代名词。我们对于自己尚未做成功或是不精通的事物都会感到害怕。如果我们不擅长，我们就会产生'讨厌'的心理。只要想想你自己不擅长的那些事物也是一个道理。你可能不喜欢做这样的事情，它们让你感觉不太舒服。"

她还给我举了跟我和我的学生相关的一些例子。我的眼前顿时一片光明。

"不善于阅读的人，"她接着说道，"通常是一些不喜欢阅读的人。不喜欢运动的学生就讨厌上体育课。对于我们成年人来说，身材不好的不也讨厌锻炼嘛！"

她的一番话不禁让我思考了这样一个问题，我问道："那我应该怎么做呢？"

"帮助他们取得成功！"她回答。"只有这样才能激起他们的兴趣。让他们先稍稍体会一些成功的感觉，他们就会想要取得更好的成绩。但一定要帮助他们凭自己的努力来取得成功，不是靠你，也不是靠我，当然也不是靠班里的其他学生。我们要通过自身的努力来不断地学习。但无论怎么样，"她接着说道，"都不要让他们取得了一点成绩后就止步不前。要不断地激励他们进步，要确保最初的成功能够让他们取得越来越好的成绩，不管水平的高低，直到达到或至少是接近你的要求为止。这就是教学的真谛所在。你不能以自身的角度来看待问题。所以不要再唉声叹气的了，赶紧回去上课吧！"

就从那天开始，我不再从自己的角度出发来看待问题了。我一直记着这位老师的这番至理名言。我把"讨厌"看成是一种"害怕"的表现，然后不断地帮助学生去争取成功。通过帮助他们取得成功来打消他们的恐惧心理，这样一来"害怕"这个词就可以从他们的脑海中消失了。

二、错误范例

你精心准备了一堂课。那天天气晴朗，你热切地期待着这堂课的开始，因为你知道这些学生会专心致志地听你讲课。一切准备就绪。铃声缓缓响起。你面带笑容，以充满热情的话语对这门课程进行了介绍。这时，教室后排的一个学生忽然打断你："我们为什么非要这么做啊？"

顿时，你惊呆了，感觉受到了莫大的侮辱。这是属于你的一天，他怎么敢破坏你这么美好的一天呢？他怎么敢这样批判你的辛勤工作？他怎么敢如此无视你所做出的努力？这小鬼到底是谁，你到底怎么惹到他了？

这个学生的话严重地影响到了你，这一点已经体现在了你的行为举止上。你的血液开始沸腾，嘴巴也不由自主地开始动起来，去回应他的问题。你似乎无法制止自己说话，你想都不想地就开始把一句一句话抛向这个学生。因为你受到了"攻击"，你就要开始反击，其实是在回答

那个问题："我们为什么非要这么做啊？"你现在已经进入战争状态，而你说的话当然就应该对对方进行打击。这个课堂在开始之前就已经结束了。之所以发生这样的状况就是因为你从个人角度出发去诠释了这个学生的问题。你误把他的问题当成了对你的人身攻击，因此你的反应也时刻处于戒备的状态。

三、如何纠正错误

现在，请试一下不要从你自身的角度来理解"我们为什么非要这么做啊"这个问题，因此就不会就这个问题跟学生陷入权力的斗争。相反，你应该稍作停顿，思考一下这个问题，然后问问自己以下两个问题：

（1）我是否把这些课程内容跟学生的实际生活有机地结合起来了？

（2）课程内容是否跟学生的学习水平相符，或者说学生是不是因为他们知道自己不擅长，所以才会讨厌这些课程？

然后，问这位学生这样一个问题："你为什么会这么问呢？"要仔细倾听学生的回答，而且可以让其他学生也发表自己的意见。在班上组织一次讨论。学生们会意识到你很重视他们的意见，因此会更容易接纳你已经计划好的课程。

我最大的教学挑战来自于带一帮差生。他们上八年级，但跟一般学生比他们的水平差了两个年级，有些甚至差了四到五个年级。我所面对的挑战就是要带领他们通过八年级水平的州立考试。在最开始的三个星期里，他们对我所提出的任何事物都报以"我讨厌"的态度，我试过各种办法但最后都放弃了。这些学生必须在 7 个月后的州立考试中完成一篇 200 字的作文，但他们中的很多人连一个完整的句子都写不出来。我深切地感受到这是一个无法完成的任务。

每天晚上我回到家都是垂头丧气、郁郁寡欢。他们的失败就是我的失败，我就是从我自身的角度得出了这样的结论。我想起了我的导师说过的一句话，"要想取得成功就得让他们从跌倒的地方爬起来。"

我们立即开始行动，要做的事情还很多。第一堂课讲的是造句。这是很正确的一个选择。造句！我之前急于想让他们写出文章来，以致于忽略了他们是出于害怕而使得他们使用了"讨厌"这个词语。在短短

的一节课之后，他们每个人都完成了一个完整的句子，让我感到很惊喜。但是我还是迅速地指导他们继续往下走。

下一步就是学习段落写作的技巧，他们谁都不擅长这个。在经过了几个星期的强化写作训练之后，所有的学生都能够轻松地写出结构完整的段落来了。他们体会了成功的感觉，所以恐惧感（厌恶感）也就逐渐消失了。他们甚至都没有意识到这种变化的发生。

但另一方面，作为老师的我却很清楚到底发生了什么。我不再在意学生偶然提出的"我讨厌这个"或是"我讨厌那样"的问题。我学会了把它当作是一项必须进行的工作：即通过帮助他们获取成功来消除他们的恐惧感或厌恶感。通过这样，我就可以避免把学生的恐惧和厌恶感当作是我自身缺点的一种标志。

四、如何避免错误

为了避免从自身的角度来诠释学生的行为、反应、评价，我必须首先要坚信这些绝对不是对我直接的攻击和冒犯。当你在某些事上经历失败时就会自然而然地产生防范心理。攻击即将来临，而老师常常就是攻击的目标。我必须牢记导师的话："讨厌是害怕的另一种说法。"而且也必须知道我常常可以消除这样的恐惧感。我如何才能消除学生的恐惧感呢？我通过帮助我的学生取得成功来消除他们内心的恐惧。我如何来帮助他们取得成功呢？我通过在其相应的水平上对他们进行激励、肯定并巩固他们的成绩，以及引导他们继续进步的方式来帮助他们获取成功。我必须牢记成功可以带来更大的成就。

在开学之际，我一般会让我的学生把他们讨厌做的事情（虽然准确地说应该是"恐惧的事情"，但我并没有使用这个词语）——列出来。同时我也会把我自己讨厌的事情写下来。我会跟我的学生共享我们的列表。我必须承认我之所以提出这样的要求并且跟学生一起来完成这项任务既是为了学生，也是为了我自己。同时，我也发现这也是新学年开始时一项很有益的"认识他人"的活动，有趣、招人喜欢但有时也很严肃。我们中的很多人都跟他人分享彼此的感受，发现原来大家的感受有很多共同之处。这就是我们"家庭"的开始。凑巧的是，一旦大家庭开始渐具雏形时，人身攻击就会逐渐消失了。

不可无视学生的差别

一、定义错误

我们特意把"无视学生的差别"安排在了"忽略课程与现实生活的联系"之后，因为那些能够结合实际生活进行教学的老师往往也会意识到要因人施教。在现实生活中，我们早就知道如果我们用同一种方法来教育所有的孩子的话，那这些孩子就都不会好好学了。但是，在踏入教室的那一刻起，我们似乎就忘记了这个道理。

所有的人都是独一无二的。我们外貌不同，穿着不同，好恶也不同。我们有着不同的背景，不同的宗教信仰，来自不同的民族。谁都不会否认这些事实。不管你喜不喜欢，我们谁跟谁都不一样。这其中也包括不同的学习方式、学习喜好、学习能力等等。我作为老师，如果只知道用同一种方式、同一个风格以及有限的教学战略去教所有的学生，那我就是默认为所有人的需求都没有丝毫的差别。

因此，我们应该对课程进行设计，根据学生的不同情况来相应授课，从而来满足学生不同的学习风格。"但我班里有二十六个学生呢!"你会这么说，"难道我得为每一个学生都设计一个课程吗?"当然不是!这在任何情况下都是不可能实现的。你能做的就是要创建起这样的一种环境，在这个环境中你会使用不同的教学方式，包括整体授课、小组教学或是个体教学。你可以不断变换你的教学战略，开展不同的活动从而来满足所有学生的需求。

我们必须摒弃千篇一律的教学理念。每个学校的每个课堂里，学生都处在不同的学习水平上。不幸的是，学生所在的年纪跟他们的实际学习水平并不总是相符的。假设这确实是事实的话，如果我们把一个班级的学生当作都处在同一水平上来施教，那会产生什么样的效果呢?可悲的是，只有那些实际处在这一水平上的学生才会有所收获。毋庸置疑的是，有些学生可能会感觉水平被低估因此觉得无聊，而还有一些学生则

因为还没有达到这个水平而听不懂。

教学带来的不应该是垂头丧气，这正是我们选择教师这个职业的原因。我们知道自己已经为接受挑战做好了准备。事实上，我们面对的也确实是极富挑战性的任务。这一点谁也不会否认。如果你认为你不熟悉或不太愿意接受差别教学的理念，或者你觉得这样做太浪费时间，对你来说难度太大，又或者你觉得学生会不适应这样的教学方式，那"如何避免错误"部分中"对培养自己适应差异的建议"将会对你有所帮助，可以试一试。

二、错误范例

我们要牢记的是，我们的目的是开展差别教育和活动来适应学生的众多差异性。请记住，学生需要我们的协助，如果学生失败了，肯定说明其中哪个环节出现了问题。

我们先来看看那些不会起到任何作用的战略和活动：

——所有人在所有时间内或大部分时间里都在做同样的事情。
——教学战略上缺乏多样性。
——活动缺乏多样性。
——忽视学生作为个体的需求。
——盲目学习，缺乏老师的协助。
——缺乏个性化的评价活动。

上面这张列表让我想起了二十五年前我刚开始从事教师职业时的情景。在上一章中我曾提到了我课堂上的每个星期一都被我称之为"单词日"，学生们就是纯粹机械性地把词汇从一个地方抄到另一个地方，根本不用动脑子。同时，这些学生在那时候也成为了我的行为问题。因为我是用我的老师教我的方式在教我的学生，而不知道使用其他更好的办法。除了星期一以外，其他时间里也是使用类似的教学模式，根本就不存在所谓的差异化教学理念，除非是某个学生太过于特殊以致于需要其他老师的单独辅导，我一般都会采用相同的方式。如果一个人默读，那所有人都是默读。如果一个人回答问题，那所有人都回答问题。甚至

在进行评价时我使用的也是一个模式！"千篇一律！"这种方式所带来的显性问题已经体现在其结果中了。

三、如何纠正错误

这可能是最难纠正的一个错误。教师这个职业担负着一项巨大的任务，对个人的要求在所有职业中是最高的。（当然，这只是一己之见，但我想所有的老师都会同意我的这个观点！）这部分的小结很简单，但却是我们最难完成的任务：老师教的是学生个体，而不是整个班级。

根据我的经验，我发现了在大部分课堂上都很有效的三种差别化教育的教学战略。在我看来，这也是最容易执行的三种方式：

（1）团队合作。

（2）中心或工作站。

（3）小组教学。

1. 团队合作

请记住，当我们使用团队合作这种方式时，一定要保持灵活多变（团队的组合要不断地进行调整）。作为老师，你必须要有很强的组织能力，必须管理好整个班级。我总是能听到这种让我越来越觉得不能接受的抱怨："我的学生根本没办法参与这种团队合作。我必须要给他们足够多的事情做，不能让他们闲下来。"最近有位老师跟我说："我的学生们什么事情也不会做。"我问她的问题就是："你的学生真的是什么也不会吗？"

真正意义上的团队合作是大家互相合作共同努力的过程。团队中的成员都有各自的责任（分配的任务）。这些任务的完成需要全体队员之间的协作，而每一个学生自己又承担了不同的任务。要根据学生的需求、长处、学习方式等因素来分配任务，让其承担相应的责任。

2. 中心或工作站

如果你要创建中心或工作站的话，学生的需求、多样化和兴趣是重要的考虑因素。在给定的足以完成任务的一段时间内，学生会被分配在不同的中心里。在即将结束时，这些小组会进入下一个工作站来应对另一项任务。换句话说，学生会通过多种不同的形式来学习同一个概念。

这不但可以满足所有学生的需求，而且还可以让所有的学生都分配到各自的任务！在使用这种方式时最大的困难来自于计划阶段。如果计划得好，老师就可以作为辅助者来监督，并且在需要的时候给予相应的协助。

3. 小组教学

以小组的方式进行教学虽不是新的教学理念，但却并不常用。如果事先进行合理的计划，这种方式会带来不错的效果。当老师、辅助人员、助教、成年家庭教师等作为一个整体进行教学时就会取得很大的成功。当然，前提还是需要进行精心的计划，但效果也是十分显著的。当小组教学这种方式运用得当时，老师可以满足更多学生的需求。在老师根据学生的需求进行分组后，就可以根据这些需求开展相应的活动和评价。

四、如何避免错误

通过精心设计和计划，就可以避免这种无差别的教学方法。这并不是件易事，但我们老师的职责就是如此。但你会发现，当差别教学较为完善后就会变成很自然的事情。树立根据学生个体的需求来教育学生的思想也会变成是情理之中的事情。你甚至都可能感受不到这种变化的发生。

对培养自己适应差异的建议：

（1）好好地组织你的课堂。

（2）变成优秀的课堂管理者。

（3）了解你的学生。如果你带这个班级已经有一段时间了，那你早就该对他们了如指掌。如果这才是新学年的开始，那就让他们都讲讲自己的"学习方法"。

（4）向学生以前的老师进行询问，查看一下之前的评价材料。

（5）直接询问你的学生。他们会很乐意跟你分享他们对于教学方法、课堂活动、学习环境、课堂练习等的看法。

（6）把你最常用的一些教学战略以及你不喜欢使用的教学战略都写下来。要综合使用多种战略。（在前一章中已经给出了战略的列单。）

（7）精心设计课程，准备好所有材料和活动。

（8）如果你要使用一种你从来没有用过的教学战略，那就要把要求都告诉给学生，让他们不断地练习并且执行下去。

（9）要不断地变换小组任务，使得每一个组员都能够承担起相应的责任。

（10）如果你要在课堂中第一次使用"工作站"的方式，那就要把要求都告诉给学生、让他们不断地练习并且执行下去。这种方式可以将材料以不同的方式展示给学生。

（11）如果你是第一次使用同学帮助或同学指导的方式，那就要把要求都告诉给学生，让他们不断地练习并且执行下去。

（12）一定要开展实践性强的活动。

（13）确保根据每个学生进行相应的评价。

（14）用标题来评价学生的工作。

（15）确保你每次都参与其中。

（16）对"学习方式"、"多元智能"和"差别化教学"做一定的调查研究。在实践新的战略和技巧的过程中你会收获一些重要的信息和想法。

无差别教学假设所有学生的学习水平、学习方法和学习能力都是相同的，但在任何情况下这种假设都是不成立的。我们必须使用差别教学的方式，从而让学生可以有不同的消化吸收、理解和利用想法及信息的选择和机会。我们要提供给学生一个可以在同一个教室里让不同能力水平的学生都能够有效学习的环境。

为了适应学生的差异性，我们必须进行差别教育，必须牢记学生有着不同的知识背景、兴趣、学习方式以及灵敏性。如果他们在这些方面都一样的话，那教学就会是这世界上最简单也是最枯燥无味的工作了。

要在同一个课堂上对学生实施差别教育不是一件容易的事情，必须具备坚强的意志。这就是我们作为老师的职责所在。我们希望能够教育孩子，也希望所有的学生都能够有所收获，并不单单指那些跟我们相像的学生，我们要为了这个目标而努力。

课堂不要杂乱无章

一、定义错误

我的祖母过去常常说这么一句话："各就其位，各得其所。井然有序的环境造就缜密的思维。"我在实践中充分体会到了这两句格言的真谛，生活的压力大大减少。

如果我想营造一个轻松自由的课堂氛围，一个可以安心学习的环境，我就必须管理好这样一个环境，从而扫去学习过程中的各种障碍。一个嘈杂的环境是不利于学习的，因此，在我能够很好地管理课堂前，我必须先学会管理自我。

想一想：如果我们连自身都管理不好的话，又怎么能够去要求学生做到井然有序呢？如果老师也是邋邋遢遢的，那学生也会变得跟老师一样。我们的行为可以巩固并体现出我们的期望。不能对别人提那些连自己都做不到的要求。

你是否看到过那些乱七八糟的教室？因为我跟一些新老师一起工作，所以有机会接触很多教师，我可以毫不犹豫地告诉你，一个杂乱无序、无组织无纪律的课堂环境通常是无条理的教与学的体现，这两者之间是紧密相连的。

当然我的意思并不是说管理不好课堂秩序（或者说有此倾向）的老师不是好老师。我是指如果这些好老师能够保证课堂纪律、维持课堂秩序的话，他们能够成为更好的老师。

最终，一个杂乱无序、嘈杂的环境也会极大地影响到学习的效率。当然，反向的事实也是存在的。学生其实很喜欢井然有序的学习环境。他们需要一个领导者来给他们提供一个课堂的结构，而我们就是这些领导者。维持课堂秩序是老师应尽的职责。

二、错误范例

莱斯顿先生邀请我去给他的五年级语言艺术班的学生上一堂示范

课。由于我现在已经不再带课了，所以很愿意去上示范课。我认识莱斯顿先生已经很多年了，他跟我以前在同一个学校工作。因此，我可以先介绍一下莱斯顿先生本人。

莱斯顿先生非常热爱他的教学工作。到目前为止，他已经从事教学工作二十多年了，所有认识他的人都会告诉你他很热爱自己的工作。我们在同一所学校工作的时候，我就知道他是一名优秀的教师，虽然我很少在他上课的时候到他的课上去。但我们都知道这所学校中哪些是好老师：

——我们能够在校园里看到这些老师总是跟学生在一起。

——我们参加教师会议和其他场合时能够注意到他们的言行体现了他们对自己的职业和学生的热爱。

——我们知道校园内有任何需要帮助的事情发生时他们总是第一个伸出无私帮助之手的人。

——他们总是早出晚归。

——我们听到他们跟别人的对话，注意到他们对学生的评价总是积极正面的。

——他们看上去总是在不断地为学生带来新颖、令人振奋的内容。

——我们走过他们的教室时会注意到他们总是在认真上课并且与学生进行着很好的互动。

——他们跟学生、跟同事、跟校方行政人员都有着良好的关系。

——他们的学生往往取得了很大的成功。

莱斯顿先生具备以上所有优秀教师的特质，但也存在一个很大的缺点：他是头猪！我只是说他跟猪的那种"邋遢、无序"的感觉很像，并无其它恶意。从所有方面来看他都是我所遇到过的最好的老师之一。有几次因为有事，我进过莱斯顿先生的教室，"乱七八糟"可能是我能想到的最礼貌的形容词了。我可以跟你保证绝对还有很多形容词可以来形容教室的环境，但只是不太礼貌而已。虽然只进去过几次，但我不断地在思考一个问题，那就是如果他能够变得有秩序一点的话，那他的效率将会有多高啊？他已经具备了任何老师都应该具备的一些最优秀的特

质，但是，因为这样一个杂乱无序的环境，他更大的效率潜力将永远都不可能被挖掘出来。

他跟我说要我在他的教室里给他的一个班级上堂示范课时，我起先的兴奋就转变为了不安。我这样一个"善于计划、善于分类"的人怎么能够做到在这样的环境里上课呢？我不断地问我自己。答案很显然：我做不到！但又不想拒绝他的邀请，于是我计划是不是应该跟他谈谈条件。

三、如何纠正错误

"能有机会给你的学生上课我真是太高兴了。"我说，"你想让我上什么课呢？"（他本身教的是如何从故事中提取要素的艺术，而这也恰恰是我最喜欢的内容之一）"关于这个内容我设计了很不错的一堂课，"我说，"但这需要学生们实际操作。这是充满实践活动的一堂课，所以我需要先准备一下教室和学生的课桌。"

"没问题，"他说。"我的教室有点乱。"

（"有点？"我不禁感叹！）

"下午上课前你可以过来布置一下。"他说。

"那太好了。"我回答。

"我可以帮你。"他主动说，"你告诉我怎么做就行了。"他说。

这简直太完美了。唯一的问题就是没能跟他提到要打扫他的教室的事情，但我也没有别的办法。要不就是彻底清扫一下，要不就是在这种乱糟糟的环境里挣扎着上好这堂课。下午，我在上课前来到了他的教室，随身带着很结实的超大号垃圾袋，成本不菲啊。"重置"（即清扫工作）开始了。我像是走进了自己的教室一样，开始把课桌整齐地排列起来，然后把地板和墙壁上的所有垃圾都清理干净。我把所有需要用到的材料和动手的工具都整理好，一一摆放在学生的课桌上。我每次都是这样做课前准备的，这样就不用浪费上课的时间来分发材料了。由于含有每个故事大纲的闪视卡片和课桌上摆放的图标都是彩色的，所以整个教室看上去色彩明亮，很诱人。

第二天早上我早早地来到了教室，等待着学生们的到来。

当他们步入教室时，不禁惊讶地感叹道：

"这里发生什么了？"

"哇！太漂亮了！"

"这是干嘛用的啊？我们要做什么啊？"

等等等等。

我开始上课，整堂课都按照原计划有条不紊地进行着。值得庆幸的是，这堂课有 90 分钟，所以我有足够的时间来完成本来需要两天才能讲完的内容。学生们都很喜欢这堂课。在分发和收回课上所用的材料时，他们都很配合我。我强调了这些材料一定要保持整洁，不能在上面做任何记号，这些材料我已经使用了很多年了，之前的学生在上，课时都很小心翼翼。整堂课都按照我的要求顺利完成了。

在学生离开教室后，莱斯顿先生对我表达了真挚的谢意。

"这堂课简直太好了！"他说道。"你介不介意把你的课堂实践工具借给我一下，我好给我的学生也弄一套这样的？我迫不及待地想给我其他班级的学生也上一堂这样的课了！"我满口答应，并且表示如果需要帮助可以随时找我。在我走出教室的时候，莱斯顿先生对我做出了这样一个总结性的评论：

"我不知道自己是否可以在 90 分钟的时间里像你这样给学生上这么一堂课，我真得惊讶于你能够在这节课里完成这么多的内容，并且能够时刻抓住学生的注意力。整个课堂有条不紊，充分利用了每一分钟。每个环节的过渡都很流畅，没有浪费任何时间。你精心准备了这堂课，而且学生们也表现得很不错。"

对于他能够注意到这些我感到很欣慰。现在我只是希望他能够记住在日常教学中保持秩序、维持纪律的重要性。他已经是一位优秀的老师了，如果他能够做到井然有序，他会取得更大的成就。

四、如何避免错误

以下是一些能够帮助你布置课堂、提高上课效率的建议，可以让你在较少的时间里取得最大的效果。

1. 保持秩序的建议

（1）先确定你有多大的空间可以利用，然后决定如何安排这个空间来达到最大的效率。

（2）先安排好你自己的空间。要记住，你生活在那里。

（3）在你的教室里创建空间。

（4）使用各种色彩。

（5）所有物品都放置在相应的盒子里，盒子上要做好标签！

（6）做什么都要使用图表：行为表现表、加分表、迟到表、缺勤表等等。要确保以数字的形式展示给学生。（但在图表上千万不要出现学生的名字，因为这些都是私人信息）

（7）按照不同班级（如果你带的不止一个班级的话）和不同的材料来使用标签、彩色书架、壁橱等。学生就知道哪些东西可以动哪些则不能动，而且他们也会知道每样物品都在教室的哪个位置。

（8）为你的学生准备一些工具盒。这对于任何年级的学生来说都可以这么做。准备一个小塑料盒，在里面放上一些课堂必备的工具（钢笔、铅笔、计算器等）。在每张桌子上放一个这样的工具盒，分别写上每张课桌的主人的名字。学生进入教室的时候，告诉他们这些工具盒的位置，让他们要每天确认这个工具盒里的物品，如有任何工具缺失则需要马上通知老师。如果出现这样的情况，当然就意味着上一堂课的学生"偶然间"拿走了盒里的一些东西。这样老师就可以把这些不见的物品找回来。因为学生工具列表上有所有或大部分工具的记录，因此老师可以追回一些"补偿"。当学生带来工具时，老师可以把这些收集并储存起来作为备用品。通常学期末都会多出一些来可以留作下一学年用。

（9）每排每列指定一名学生作为材料监督人员，可以告诉学生们每样物品的位置。

（10）要确认所有的物品都各归其位。不要改变。所有物品在使用完毕后都要物归原位。这一点不能妥协，不允许找任何借口！

如果我们能把实际运用到的物品保持秩序，那我们的思维也会变得很缜密。较强的组织能力可以造就一个井然有序的环境，而这样的环境有利于我们有效的教学活动。没有组织性以及没有秩序，也就不可能达到有效的教学。井然有序的教学环境是有效教学的基础。

莱斯顿先生是一名有效率、有知识的优秀教师，但却总是没有办法保持环境的整洁有序。他只需要加强自己的环境管理能力就可以成为一

名更加优秀的教师。

你们熟悉"榜样"原理吗？莱斯顿先生自身邋邋遢遢，因此他教的学生也是杂乱无章。他们来去教室从来不收拾，始终都是乱哄哄的状态。我不但是在一堂语言艺术课上给他们树立了一个典范，同时也是在秩序和有效性上为他们提供了榜样。学生们都是很灵活的，他们不像我们老师这么顽固。

事实就是，一个井然有序的课堂要运行得更为有效。在这样一个有计划、有节奏且有组织的环境里，老师就可以自由自在地上课。在更少的时间里可以教授很多的内容，学生的吸收能力也会得到提高。而在一个杂乱无章的环境中，宝贵的时间就这样被浪费了。作为你，你愿意选择怎样的课堂呢？

对待学生要公平

一、定义错误

在某些情况下，做到公平就是要求对所有事物都要一视同仁，要确保严格遵守相同的规章制度。如果违反相关规章制度，不管是谁都要根据违反情况予以惩罚。一般来说都会对这些违反规定的人给予公平的处理。

但在另外一些情况下，做到公平则要求对事物进行差别对待。

——能让一个盲人孩子去朗读黑板上的诗歌吗？
——能要求一个瘸腿的孩子去跑一英里吗？
——能不管病人的病情全部开一样的药品吗？

一般来说，之所以订立规章制度，就是希望大家能够遵守。这是维持和控制有序环境的唯一办法。课堂的纪律和规章可以确保有效的管理并且营造一个正确的学习氛围。在大多数情况下，所有的人都要遵守相同的规定，而一旦有人违反规定就要接受相应的惩罚，一视同仁。

但是，我们要明白的一点是公平对待学生并不就意味着必须要对学生一视同仁。在有些场合，公平对待学生则意味着要通过一种行为态度来让某些特殊的学生得到最好的结果。因此我们要采用的办法也是因人而异。在这种情况下，公平就意味着要对学生差别对待。

老话说："规矩是用来打破的。"其实不然，之所以要定规矩就是希望所有人都能够严格来遵守。每一个市政当局、企业、家庭、学校等都必须维持相应的秩序。没了规矩，整个社会就会杂乱无章。学校是现实世界的延伸，没有了秩序，学校就无法生存和发展。

二、错误范例

罗格斯老师的班里有 25 名三年级的学生，个个精力充沛、活蹦乱

跳。跟任何班级的情况一样，其中一些学生会比其他学生精力更充沛，更容易兴奋。特别是一个叫杰瑞米的孩子，过不了几分钟就开始坐不住了。为了照顾到杰瑞米的需求，老师总是会把注意力都放在他身上而忽略了班里的其他孩子。罗格斯老师注意到，要是当着别的学生的面批评杰瑞米的话情况会更糟。但纵容杰瑞米的行为也不是办法（这对其他学生也不公平），所以罗格斯老师就必须要想出一种公平的方式来解决这个问题。

罗格斯老师为杰瑞米安排了一个特殊的"区域"，这是一个直径四英尺的圆圈。在这个圆圈里罗格斯老师为杰瑞米摆放了一张特殊的课桌，并且告诉杰瑞米如果他想站起来或者是左右走动时就可以进到这个圆圈中去。但是，到了那个区域，不管他想待多久，上课该做的事情还是得做。

第二天，当杰瑞米又开始躁动的时候，罗格斯老师只是指了指那个区域。她走到杰瑞米身边把他带到了那个圆圈里。等到杰瑞米进入这个圆圈后，罗格斯老师又轻轻地对他说："别忘了要呆在这个圆圈里。你可以坐着也可以站着，但班上其他同学做什么你也都得跟着做。"刚开始的时候，罗格斯老师还特意留意了一会杰瑞米，但后来杰瑞米基本就已经不用老师的帮助了。

班里的学生并不认为罗格斯老师没有公平对待他们。相反，他们还很高兴老师给杰瑞米设置了这么一个特殊的区域。正因为如此，罗格斯老师才能把更多的注意力投入到其他学生身上。因此，罗格斯老师通过特殊对待杰瑞米做到了公平对待班里的所有学生。

下面让我们来看一下阿卡迪亚中学的延迟政策，以此为例来说明规章制度的必要性。在阿卡迪亚中学，两堂课之间学生有三分钟的时间用来从一个课堂赶往另外一个课堂。学校的规定就是在上课铃响后学生必须已经进入教室。如果有人迟到就要给整个班级记一次迟到。违反该项规定的后果如下：

第一次迟到：警告并且计入教师日志
第二次迟到：计入教师日志，并通知学生家长
第三次迟到：叫去办公室（校内停课）

第四次迟到：叫去办公室（周六补课）

第五次迟到：叫去办公室（校外停课）

第六次迟到：叫去办公室（校外停课）

第七次迟到：叫去办公室（劝退）

所有的老师都要遵守这项规定。要是进到这所学校，你会发现铃声一响走廊里基本上就看不到什么学生了，但在实施这项规定前情况可就不是这样了。

其实在任何一所学校里，很多学生都会挑战现行的各种规章制度从而来试探这些规定的执行力度。在阿卡迪亚中学，有些学生已经深刻地体会到这些规定根本没有钻空子的可能性。其中一些已经得到了校内停课的处分，还有一些则被要求参加周六的补课，有几个还受到了校外停课的处分，但还没有学生被劝退。

迪克森老师的一名学生最近遭遇了一场车祸，腿部骨折，只能依靠拐杖支撑行走。那这个规定对这名学生还适用吗？当然不适用。我想没有人会对这一点产生任何的疑问。老师们为他作出了相应的调整，允许他早点下课或是晚点上课。其他学生会认为这种做法不公平吗？当然不会。所有人都会认为这种制度都应该根据现实情况进行相应的调整。

西蒙老师给十名残疾学生上阅读课，对他们所有的人都作了适合每个人的计划。其中有三名学生存在听力障碍，两名学生视力有问题，其余的学生则因为各种原因存在精神问题。对于这些学生难道要使用相同的教学材料和教学方法、保持一样的进度而且使用相同的评价机制吗？我想答案肯定是否定的。如果真的这么做了那就将是一个极大的错误，因为对于学生来说这样明显有失公平了。在这种情况下，做到"公平"就意味着要"区别"对待学生。

三、如何纠正错误

在前面讲述的所有范例中，老师在实际情况中都对规定作出了相应的调整。如果不考虑实际情况而对学生都提出相同的要求就会导致一些特殊的学生得不到相应的照顾。在老师满足学生的特殊需求时，有些学

生被进行了区别对待。但是对于所有学生来说这其实才体现了真正的公平。

四、如何避免错误

在任何情况下都要公平对待所有的学生。当学生感觉受到了轻视，尤其是受到了那些自己在意的人的轻视时，就会产生信任上的问题。一旦学生失去了信任感，就会开始产生戒备的心理，最后就会导致隔阂出现，形成一个不再能激发学习的环境。

老师一定要公平对待学生的建议：

（1）记住"公平"并不意味着"一视同仁"。

（2）有时候，做到公平意味着要对学生区别对待。

（3）除了特殊情况以外（就像上面提到在车祸中撞伤腿的学生），一般来说之所以订立规定就是用来遵守的。

（4）老师必须严格贯彻和执行各项规章制度。只要是规定，就应该认真遵守。

（5）对于存在特殊情况的学生一定要及时调整规定来适应他们的需求。我们所犯的最大的错误之一就是认为所有的学生都一样。

公平对待学生并不意味着要对所有学生都一样。事实上，在很多情况下，事情正好是相反的。据我所知，公平的老师肯定是高效率的老师，而不公平的老师则恰好相反。归根结底这都是信任的问题。当学生信任你，认为你可以公平对待他们时就会服从你的指挥，因为他们信任你。当双方互相尊重，营造出一种较为稳定的环境后，就会明显发现形成了一种非常有利于学习的氛围。

那些公平对待学生，认真执行各项规章制度并且严格维护课堂纪律的老师总是会得到学生的尊重和信任。这并不意味着学生会对结果欣然接受，但至少他们明白并且认为这是一个公平公正的结果。你们向我展示出一个公平对待学生从而深受学生爱戴的老师形象，而我则展示给你们一个有着一群成功学生的成功老师的形象，这种对换应该算公平吧？

注意区分轻重缓急

一、定义错误

作为老师，必须懂得区分事情的轻重缓急。着急需要解决以及重要的事情就必须先行处理。如果某样事物需要优先处理，就代表这样事物是最重要的，是不能忽略的。

每天我们都要承担起作为老师所应该承担的责任。我们要精心地计划课程、布置我们的课堂，在规定的时间内把既定的教学内容上完，参加会议，召开家长会，完成文书工作，值班等等。

因为每天都会发生各种重要的事情，以至于我们忽略了那些看似不太紧急却其实是最重要的事情。

——在教学过程中，当出现了可以引发教学的点时，却不愿意展开，仅仅只是因为原计划中不涉及该教学点，或我们要赶在规定的时间内完成既定的教学任务。

——我们不愿意将教学内容跟实际生活相结合也仅仅只是因为时间紧迫。

——一些其实对学生终生有益的关键内容我们忽略不讲，仅仅是因为这些内容不在考试范围之内。

——我们是在教"课本"而不是教学生。

——我们忽略了自我，以致于我们的学生只得到了我们的其中一部分，而这是远远不够的。

——我们是按照事物的急迫性而不是必需性来决定优先权，我们经常忽略了这两者之间的区别。

而这常常会带人或者来源于我们的生活。

——你多久就会觉得因为错过一件事情或特殊的场合而感到遗憾，仅仅因为你没有给予足够的重视？

187

——你多久就会感觉到在计划明天的同时会无限怀念今天？

——你上次因为没有时间而对别人说"不"是在什么时候？

——你上次因为某些事情不在计划之内而对这件事情说"不"是在什么时候？

俗话说得好："我们最怀念的总是我们没有得到的事物。"

二、错误范例

首先，我不得不承认我是一个不折不扣的"清单狂"。我喜欢列清单，然后开始一一解决上面所列的事情，直到全部完成为止。如果期间被打断，我就会觉得特别不舒服，即使打断我的是对我现在或将来来说非常重要的事情。我不能容忍出现在清单上的事情悬而不决。我可能存在问题，所以很可能需要帮助！

我的好朋友劳瑞却跟我恰恰相反。她从来都不列清单！谁让她帮忙她都去，只要有人开口她就会很乐意地点头答应。但问题是，她总是不把她答应做的事情写下来，以致于常常忘了这些事情。她也存在问题，肯定也需要帮助！（如果她能听我的，我敢肯定我能帮到她。）

事实上，在我和劳瑞之间可以达成一种更加理智（以及更清醒）的平衡。（我今天清单上的事情一完成就可以去帮她处理那些事情，但问题是我没有办法帮上忙因为劳瑞从来也不把要做的事情列成清单啊！）

我自身就是把这个错误带人课堂的最佳范例，而我的教学职业生涯总共经历了两个阶段："考试前"和"考试后"。

在考试前的阶段（包括学生参加的州立考试和国家考试，都是有规定衡量标准的考试），教学似乎更加灵活一些。当然我们也要先做课堂设计，通常是跟课本（如果我们幸运地拥有一本教科书的话）相一致，但我们欣然接受计划外的教学内容，去把握课堂上闪现出的各种教学点，而且我们也不太在意时间的限制。即使是我这么一个注重计划性的人，也为这些具有启发性的教学点安排出了相应的时间。我很珍惜这种偶然闪现的教学点，正是因为是计划外的具有启发性的内容，才能充分体现出其教学的价值。回想我自己课堂上所出现的最佳

教学点时，我相信都是在即兴的时候产生的，而且是最重要的，即使这些都是课堂计划之外的内容。在回忆中，我发现一些最重要的，也是作为我和我的学生未来踏脚石的时刻，在之前都没有计划过，而且一直没有得到充分的重视。

几年后，我的教学生涯进入了"考试"阶段。课堂生活似乎就是围绕着考试展开。考试后的课堂就呈现出了一种截然不同的状态，变得没有什么太多的灵感了，整个自然发展的课堂也逐渐失去了光彩。考试后的课堂变得比较死板。我们中的很多人都变得更加急躁和焦虑。这其实并不是我们希望的，只是因为我们必须在如此短的时间里完成如此多的教学内容。

但对于所有的老师和学生来说，在这个考试的世界里我们得到了"快乐媒介"。我们通过考试和错误知道了我们可以在教授必要知识的同时还能教活生生的人——我们的学生。我们意识到并且接受这样的一个事实，即这些考试从很大程度上来说是我们课堂的延伸，而且会跟现实生活有相应的联系。现在我们知道了我们在实际生活中使用到我们准备的材料同时还能很好地教育到我们的学生。我们可以识别出课程内容中重要的东西而且还能覆盖到那些虽然不是必不可少，但也具有同等重要性的内容。

三、如何纠正错误

你健忘吗？我们都健忘。我们都会时不时地需要一些小帮助来完成一些重要的事情。清单是用来作为指导和提醒之用的。鉴于这些都是对现今老师所提出的要求，所以我们需要所有我们能够得到的帮助。鉴于现今教育界存在的各种截止日期和时间表，我们不能仅仅只依靠自己的记忆。我们需要额外的帮助。不管你愿意还是不愿意，我们都必须在规定的时间内完成相应的任务。如果任务要在下周五完成，那就把它写到下周五的日历上。如果你承诺完成一件事情，就一定不能忘记。别人都在指望着你。

你是不是在为决定应该先做哪些事情而挣扎呢？是不是已经作出了决定却仍然会忘记？如果是这样，那就请先问问自己：

一天结束后（或者在生命的最后），我最遗憾的是什么？

不管你的答案是什么，确认一下自己的清单，那件事情是否赫然在列。

四、如何避免错误

如果我们能够进行聪明的选择，这个忽略事件重要性的问题就可以得到避免。我们必须采取一切措施来避免忽略日常生活中必须承担的任务。以下是帮助我们避免此类问题的一些建议：

（1）随时随地及时更新日程表。

（2）及时将重要的日期标注出来。只有你重视日程表，日程表本身才能起到作用。有截止日期限制的事情一定要按时在截止日期前完成。

（3）未雨绸缪。生活中总有众多的偶然发生。不要因为这些偶然事件乱了方寸。

（4）以课程计划作为指导。要注意到这些课程计划会随时发生变化。教学价值最高的教学点（那些最重要的事情有可能并没有得到足够的重视）往往都出现在计划之外。

（5）课程计划必须包含"必须做的事情"。如果今天无法完成，那就必须在明天内"解决"。

（6）思考一下你的作为或不作为会对他人造成什么样的影响。你的不作为是否会产生多米诺效应？例如，你不解决某件事情是否会影响到整件事情的进展？

最有效、最受尊重也是最具影响力的老师往往可以在那些必须解决的紧急任务和那些虽然没有如此紧急却也十分重要的任务之间找到一种微妙的平衡。他们可以完成所有计划内的要求，但同时还可以在教授计划内的内容时把握住那些偶然闪现的教学点。他们很清楚有些会影响到我们一生的重要事件有时候却会因为其重要性没有得到充分体现而被忽略。

最优秀的老师是那些能够引导并欣然接受事情自然发展的老师。他们能够把握事情的大局，虽然事态在当前还不是那么明朗，但却需要人

们的远见。他们不会为那些对将来没有实际意义的不重要的事情所羁绊，他们不会浪费时间，相反更是时间的有效管理者。他们必须这么做！否则的话，他们怎么可能做到完成这么多的任务却从来不会显得筋疲力尽或是过度劳累呢？

先观察一下你自己列的重要任务的清单。你可能要重新安排一下事情的先后顺序。

学会纠正和避免错误

一、定义错误

在我们的课堂上，除非是特殊情况，否则不应该去阻拦学生的参与。事实上，老师经常抱怨有些课堂上，特别是其中的某些学生上课缺乏积极的参与。但讽刺的是，虽然一方面我们老师都在希望学生能够积极参与，但另一方面我们中的很多老师却在不知不觉中阻碍着学生的参与。

通过我的学生，我认识到对错误行为所作出的反应是关系到那些学生将来是否会积极参与课堂的关键。我对一个做出错误行为的学生的反应，将直接对今后学生的参与性起到鼓励或是阻碍的作用。

在前一章中我们讲了及时反馈的必要性，讨论了错误是学习过程中的一个重要的组成部分，错误不但无法避免，相反还能起到很大的帮助作用。我们可以通过错误来不断地加强学习。为了能够从错误中进行学习，我们要让学生们明白他们可以犯错误的事实。如果我们不允许学生犯错误，我们就不可避免地阻碍到了他们参与课堂的积极性，而这恰恰是我们最不愿意面对的事情。（你现在是不是完全没了主见，感到毫无信心了呢？）

我的妹妹安妮特以前是一名小学教师，她写了一段话，每学年开学的时候就会把这段话先教给她的学生。

错误是伟大的——只是我们无法等待
直到别人再犯错
每次他们犯错，都是在帮助我们
学习更多，发现更多
所以让我们接受错误
并从中吸取教训
每次我们犯错，我们都能够做到

从跌倒的地方重新出发

这段话要传递的信息其实很简单：我们要从错误中吸取教训，所以犯错误根本就没有什么不好意思的。但我不得不说，这种犯错可耻的感觉更多的时候来自于老师。

二、错误范例

老师说的话是很有分量的，会对学生产生长期的影响。以下是老师对一些犯错误的学生所作出的权威但却很伤人的回答。

"如果你专心听讲了就应该知道这个问题的答案。"

"这个问题我们都说了几个星期了。你都听进去什么了？"

"你不知道这个吗？你说不知道是什么意思？"

"只要是三年级的学生都应该知道这个。你是不是要留级去二年级啊？"

"这问题多简单啊。这个都不会，那碰到难的你怎么办啊？"

"很明显你肯定没有做家庭作业。"

如果老师说这些话时的对象是我，那我以后绝对不会再参与任何活动。事实上，我就是因为忙于记老师说的各种内容以至于根本没有可能再听得进其他的话。

确实存在一些老师，专门去叫那些上课不专心听讲的学生，目的就是为了让他们出丑。如果你以前也被老师这么对待过，就应该了解这种感受。老师在这样做时是以"教训学生"为目的的。不幸的是，这个"教训"并不可能激发学生积极参与到课堂中来，但却可能是阻碍参与的最佳办法。课堂应该是一个充满安全感的地方，在这里学生应该不会受到身体上和精神上的伤害。我们作为老师，应该是学生的保护者，确保他们的安全。我们千万不能成为伤害学生的人。

三、如何纠正错误

我们必须要估计到在学生作出不正确的回答时老师所会产生的反

应。这种反应必须能够包容这种不正确的回答，并且把学生引导到正确答案上去，从而激发学生的参与性。下面我们来看一下在学生没有正确回答问题时，一些老师所作出的能够激发学生今后参与性的反应：

"虽然还不是完全准确，但我明白你的意思。事实上，我还从来没有想到过这一点。"

"这个答案很有意思，但还不是这个问题的正确答案。我们再来看一下这个问题，我再稍微作下解释。"

"答案已经很接近了，但还不完全正确。再想一想，思路已经对了。"

"我再给大家几分钟的时间想一想；这个问题是挺难的。"

至于带着鼓励今后参与性的目的，但实际行为却让学生感到尴尬的话——直接就打消这样的念头吧！这种方式永远都不可能奏效。因为一旦老师带着要在学生面前"赢得战争"的心态，最终老师的行为就会导致一种虽然是胜利但却很受争议的结果。那学生怎么办呢？

如果学生不够专心的话，老师就应该去帮助他们、引导他们而不是对他们冷嘲热讽，让他们感到尴尬。有时候，亲近就是问题的关键。我们要做的也许就是去多亲近我们的学生，多去关心他们。（如果老师这么做了，大部分学生肯定不会再好意思不专心了。）

有时候，鼓励的话语是不可或缺的：

"关于这个中心句，这个想法确实很不错！我能知道你什么时候能完成这段话吗？我真想马上就能看到！！"

"我看你是不是遇到了困难。需要我帮助你吗？"

"慢慢来。如果你还需要时间的话我今天一直都会在这里。"（学生听了这种说法之后一般都会又集中精神了。）

鼓励的话语可以激发学生的参与性，而令人沮丧的话语则刚好相

反。作为你，会选择什么样的话语呢？

四、如何避免错误

让学生参与课堂是一个过程，应该开始于开学的第一天，在你跟你的学生发展起亲密的关系时。时不时地跟你的学生讨论讨论参与课堂的问题是一个非常不错的主意，让学生感到放松，同时让他们知道"错误是伟大的"这个道理。没有错误，就不可能有真正的学习。

以前我总是会给学生举一些傻乎乎的例子来帮助他们理解这一点。我会问诸如此类的问题："你第一次自己穿衣服的时候、第一次骑正式的自行车的时候以及第一次画画的时候都发生了什么事情？"然后我会问今天有多少学生是在没有别人的帮助下自己穿的衣服，今天有多少学生骑了正式的自行车还有今天有多少人在给图画着色时没有出界。围绕这些问题总是会开展一些很有意思的讨论，而且也说明了一点：没有错误就不可能有真正的学习。

我在批改完作业再分发给学生时所采用的一个技巧总是很奏效。在改作业的时候，我会一直把花名册摊开。每批完一名学生的作业，我就会在这名学生的姓名的旁边注明这名学生做对的至少两道题。这样一来，第二天上课的时候，我就可以只叫学生来回答他们做对的题目。因此，学生参与的积极性也就越来越高。

如果你希望自己的学生能够在课堂上认真听讲、积极参与的话，那就要做到以下几点：

（1）确保你的课堂要能够让学生有实践的机会，可以让学生积极地参与到整个课堂过程中来。

（2）要让学生明白错误是不可避免的，而且我们欢迎他们犯错，要让学生彻底放松。

（3）让学生明白所有人都不可能不犯错。这是我们学习的方式，是很自然、很正常的过程，不需要感到羞耻。

我们要帮助学生摆脱对犯错误的恐惧感，而且也不能因为他们犯错而去指责他们。我们必须通过自己的言行来告诉他们只有通过错误才能产生真正的学习的道理。只要我们能够从错误中吸取教训并且及时更正错误，那么"错误就是伟大"的。

勇于承认错误

一、定义错误

俗话说，人无完人。如果你不承认自己的错误，就不可能从错误中吸取教训。如果不能从错误中吸取教训，你就不可能成长。对于生活来说，错误是再自然不过了。他们能够帮助我们成长和完善自我，同时激励我们前进。

第九章中我们提到了抱怨、指责他人、找借口，这些都是推卸错误责任的办法。如果没有意识到自身的问题，就不可能采取任何更正的措施。

有些人年复一年，十年如一日地在重复着同一个错误。他们坚信自己的方式是正确的，但他们所收到的效果却很不好。他们把责任推到了作出反应的一方，如果放在校园里的话，这一方就是学生、校方管理层、学生的家长或是学校里的其他老师。只要不肯承认错误，这种恶性循环就会继续下去。

学生（孩子）特别喜欢推卸责任、指责他人，这是学生身上的一个共性。我们希望也要求我们的学生要能够为自己的行为和错误承担起相应的责任。我们要做真正的自我。作为老师，我们要带头承认错误，为学生树立一个好的榜样，要教育学生，让他们知道错误不是困难，而是学习道路上普遍存在的同时也是必备的垫脚石。如果我们成年人也能做到这样的话，学生们就会更加容易去接受这个现实。

二、错误范例

一名新来的教师哭着跑到我面前来说要辞职，说自己再也忍受不了了，说学生太难带了，一点都不尊重老师。班里的事情什么也完成不了，家庭作业也不做，考试卷也不交。在尝试过了多种方式之后，她发

现学生的情况是越来越糟。她觉得她已经无能为力了，所以她决定放弃。

我说服了她，让她知道其实还有补救的方法，她还有别的选择。她问我是否可以花一天的时间去她的班上听课。我一口就答应了。虽然还没有深入，但我已经大致发现了这位老师的一些错误：

这位老师在门口迎接她的学生时，很明显能感觉到她很急躁，同时还气呼呼的。她在迎接时说的话类似于："快点！""你去哪儿了啊？""今天进了教室就别说话了！""我今天心情可不好！""今天我不会忍你们的！""今天有老师在这里听课。别逼我啊！"

有几名学生迟到了。这位老师就问他们去哪里了，学生纷纷编起了故事。于是老师就让他们入座，并没有因为他们迟到而给出相应的处罚。

有几名学生没有携带课堂的材料。这名老师又问了"为什么"，学生们还是用各种借口搪塞。于是老师又接着开始上课。

开课后的大约15分钟的时间里，学生们都是乱哄哄地在那里走来走去。这位老师只是不断地让所有的学生都坐好。

课堂上老师有好几次都因为学生的不当行为对学生进行了批评；学生反抗，老师继续就这些事情进行理论。

这份列单上这样的事情太多太多了。

第二天，我跟这位老师就我昨天听课的情况进行了讨论。我首先告诉她，这些问题都是可以解决的，但前提就是她必须先承认自己的错误，而且意识到要先对自己的这些行为予以改善。虽然起初她很不情愿，但最后还是同意了。

三、如何纠正错误

我的第一个建议就是让她把自己平时的行为录下来。我告诉她这是我们作为老师改善自我的最佳方法，可以让我们看到，有些行为我们自己甚至都没有感觉到这么做过。她照我说的那么做了，于是我们一起看了一下她的录像带。她告诉我她感觉就像是在看别人一样，而且她马上

就认识到了她之前一直都不知道自己所存在的那些缺点和问题。对于这位老师来说，此刻她才开始真正意识到并且肯承认自己的错误，接下来就可以进入改正阶段了。

我的第二个建议就是她应该去观察自己的学生。我提议她去别的课堂观察自己的学生。如果去观察的是一群自己不太熟悉的学生和一个课堂管理能力很强的老师，那观察的这个人很容易得出这样一个结论：这位老师之所以能管理好课堂就是因为学生好。而且观察的人还会认为自己的学生永远都不可能达到这样的水平。前两次观察的时候我都陪着这位老师一起去了，这样我们就可以对我们的看法进行比较并且分析其中的原因。

我最后的建议则是让她去找校园里的其他工作人员、校方的管理层以及其他老师来听自己的课，而且要耐心倾听他们的看法，彼此交换意见。

四、如何避免错误

上一个范例中的这位年轻教师刚开始的时候并不愿意承认自己的错误。她把错误的责任归咎到学生（或者别的所有人但就是不是自己）身上，然后对问题持续未决感到困惑，日复一日，年复一年。她这种愿意接受他人意见的态度帮助她发现了原来自己一直都在重复地犯同一个错误！通过承认自己的错误，她也就可以去改正这些错误。而当她愿意去改正自己的错误时，她从学生那里就得到了更多好的回应。

这位老师的经历充分体现了承认错误、确认错误并且利用错误这样一个过程。一旦这个过程完成了，类似的错误就不太可能再次发生了，我们就可以去确认新的问题了！新的错误总是无处不在，但我们就是在错误中成长——从错误中吸取教训！

牢记之前的错误，采取必要的措施来纠正这些错误，我们就可以在今后避免类似的问题再次发生。一定不能重复出现类似的错误。可以请身边的同事帮忙，特别是那些比较亲近的人。让我们一起来分享你最常犯的那些错误，从而让自己以后可以尽量避免。

避免错误并没有非常行之有效的办法，即使有，我们为什么就非得

去避免这些错误呢？我们想要避免的是不承认错误的错误。如果不承认错误，错误就没有办法得到更正。

人无完人。如果你不承认自己的错误就不可能从错误中得到任何的学习。如果你无法从错误中学到任何事物，那你就不可能得到成长。